ちくま学芸文庫

江戸服飾史談

大槻如電
吉田 豊 編注

筑摩書房

はじめに

私が林美一先生に師事してかな読みの指導を受けていた頃、江戸文芸研究誌に載っていた大槻如電《おおつきじょでん》の講義録を読んで「分かりやすくていいな」という印象をうけました。

定年後、江戸趣味に専念できるようになったある日、三井文庫へ館蔵品展示会を観にいって玄関ホールに入った時、正面の大きな額絵に目が吸い込まれ、同時にこの講義録を思い出したのです。

この本の表紙の絵がそれで、「剪綵《せんさい》」という技法により「元禄花見踊」が描かれています。三井本家（惣領家）の銀子《としこ》夫人（一九七六年没）が製作され、以前は三井本家に掲げられていたものとうかがっています。漢和辞典によれば、剪綵とは、あやぎぬを断ち切って衣などを作ることを言います。高級布地をふんだんに使った切り絵細工の「元禄花見踊り」は、さすがに絢爛豪華な元禄期の風俗を偲ばせるのですが、この絵の見どころは踊る女性よりも、むしろその後方の「花見の小袖幕」にあるのです。

「本町・通町を始め、有徳《うとく》なるもさもなきも、町方にて女房・娘、正月の小袖と言うは、仕立てず。花見小袖とてなるほど手をこめ結構にだてなる物好きに、好みたるを着て出るなり、花よりなお見事なり」（本文68〜69頁）

花見の場では、紅白幕の代わりに桜の木にロープを渡し、これに上着の小袖を掛けて仮の幕とするのですが、これが「花見の小袖幕」です。小袖のめぐるステージで華やかさを競いあったのが元禄の花見でした。この情景を如実に再現しているのが三井文庫の翦綵です。さすが呉服の老舗、三井本家なればこそと思いました。

あらためて講義録を読みかえし、これは是非世に知らせるべきものだと思いました。こうしてこの本ができたのですが、大槻如電が平易に語っているままの記録ですから、講演した明治三十一年（一八九八）から百年余を経た今日でも楽しみながら読むことができます。

読者が理解しやすいよう、注記と図版を入れましたが、染織や髪型の細かな差異などについては、十分に解明できないところもあります。調べが行き詰まるたびに、ある時期の流行が、後世にどれだけ語り伝えられるのだろうか、いま若者の間で流行中の「ガングロ、厚底」は百年後の人にどう伝わるのだろうかなどと思い迷ったことでした。

御寿命紐（157頁）の話は面白いのですが、結びの形を調べ出すのにまごつきました。歌舞伎で、侍女の持つ文箱の紐が左右に各七尺余も伸びる場面があり、この結び方に不審を抱いて国立劇場に問い合わせたところ、長い紐を箱の底に折り畳んで収納した文箱が別にあって、瞬時にすり替えて紐を伸ばし見栄を切るのだそうで、長い紐の結び方は伝えていないとのことでした。結び方を記した「結記《むすびのき》」の記述を見付けるまで、結局三年もかかってしまいました。

また、巻末に名の出ている協力者（214頁）についても不明な点がありました。これらの人は大槻如電と交友があった名士ですが、その中で富田砂燕は異色です。彼は芝居の愛好家として劇評を多く残しています。慶応三年のパリ万博へ行ったというのですが、渡航者名簿にその名が見当らず、実名・本業なども分かっていません。

如電自体が変り者と言われていて、この本でも出典を明らかにしない等の欠点が見られますが、仙台藩の家中に生まれ、戊辰戦争に敗れた後の屈辱を堪え忍び続けた陰を背負っているからでしょうか（解説参照）。

最後に、㈶三井文庫のご高配と芙蓉書房出版の平澤公裕氏に厚く御礼申しあげます。

平成十三年三月

吉田　豊

目次

江戸服飾史談

凡例

一、本書の原題名は、「江戸の風俗衣服のうつりかはり」である。構成は第一談から第七談までとなっているが、適宜、小見出しを設けた。
二、編集にあたっては、『江戸文化』掲載文を底本とし、『花衣』掲載文により校合した。この際、原文の雰囲気をとどめながらも、読みやすいことを主眼とした。ただし御触書については、意訳文に改めた。
三、用字・用語等
ア、現代仮名遣い、常用漢字に改め、送り仮名を補い、中黒点や括弧等による整理を行なった。
イ、同音異字の場合は、おおむね現行の漢字に改めた。
〈例〉上下→裃、純子→緞子、艸履→草履、雙方→双方、違変→異変
ウ、「公用文作成の要領」の趣旨に沿い、次のように仮名書きに改めた。
〈例〉此→この、其→その、相→あい、故→ゆえ、の様に→のように
エ、原文には、一部にルビが付されているが、さらに補充した。また原文のカタカナの一部を、ひらがなに改めた。
〈例〉サテ→さて、ソコデ→そこで
四、注釈
ア、注釈は下段に記したが、簡単な注釈は本文中に括弧書きで付した。

イ、注釈の中で頻繁に引用した出典名は略号を付した。
［文］『服装大百科事典』『最新きもの用語辞典』文化出版局
［江］『江戸語の辞典』前田勇編、講談社学術文庫
［守］『守貞漫稿（類聚近世風俗志）』名著刊行会（平成元年）
［言］『大言海』大槻文彦編、冨山房（昭和十年）
ウ、染織の色彩に関する解説は、長崎盛輝著『日本の伝統色』（平成八年・京都書院）から引用し、同書の色票番号を付した。
エ、幕府の発した御触れについては、『徳川禁令考』（昭和三十四～三十六年・創文社）および『御触書集成』（昭和三十三年・岩波書店）登載の索引番号を注記した。
五、差別語の使用箇所があるが、原文の歴史性を考慮してそのままとした。

江戸の風俗衣服のうつりかはり

大槻如電自語自筆

人間に衣食住と申しまして、身体にまといます衣服、そうして生命をつなぎます飲食、それから、雨風をしのぎます家屋が、無くてならぬことは、別段申すまでもありませんが、この衣食住の風俗と申すものが、その国のしるしで、国民はこの風俗を確かに守らねばなりません。いや、どうしても変えることが出来ないもんです。

三十年このかた、西洋風がうつりまして、洋服を着たり、洋館を建てたり、洋食を食べたりしますが、それはその時だけのことで、洋服大めかしで出かける人も、用ずみで我が家へ帰りますと、きっとすぐに着替えます。その着替えます衣服は、何でありましょうなら、先祖代々から着てまいりました、やはり袖の大きい上下《うえした》一続きの着物で、胴中《どうなか》を帯で括《くく》る衣服でありましょう。住居も表通り玄関構えから客間をば、板敷に致しまして、椅子卓子《ていぶる》を並べ暖炉《すとうぶ》を飾り、客が来ると腰をかけさせ巻煙草の箱を出して、プカプカふかしながら応対しますが、家族どもが朝夕座臥《ちようせきざが》いたします所は、畳が敷いてあって、その上へビタンコとすわる、昔からの家でしょう。食物も同様です。スッフ（スープ）、シチュウ、ビフテキなどと、洋食もやるでしょうが、朝晩はお米の御飯《おまんま》でお菜《さい》には芋大根から魚の肉を煮たり焼いたりして、食べるんでしょう。洋行して二、三年もたって、帰りました友達が香子《こうこ》（おしんこ）で茶漬けの味は、どうしても忘れられないと申したことがありましたが、それが本当の国民です。

それですから国の風俗というものは、決して変ぜぬもので、そうして昔からのままを、そのままに残して置きたいものです。エエ、一体その風俗と申しますものは、その国の看板ですから、イギリスでもフランスでも、どいつもこいつも、その国々の風俗は、そのままにして他国の真似をしないものと、聞いております。いや、しないどころか他国を真似るを、善いこととしないようです。西洋の女の衣服は、上の方の着付は胸を圧《お》して健康によくないとか、下の方は拡がって見格好がわるいとか何とか、学者達は様々な理論もあると聞きますが、どうしても直すことが出来ないそうです、西洋でも。

エエ、さて、このたび三井の呉服店からお頼みで、私に衣食住の中の、衣服の三百年このかたの移り変りの有様を話して聞かせろと言うのですが、いかにも、私はそんなことが好きですから、古い書物やら、老人たちの話やら、多年見たり聞いたりして心がけてはおります。しかし、さあ押通してしゃべれと言われるといきなりにしゃべり立てることも出来ません。なぜと申すに、それ程詳しくは取調べて置かないのですから。だと申して、おそろしい急ぎということで、なかなか取調べている時日もない。よんどころなしに、知ってるとこ勝負にしゃべる積もりです。ですから漏れたこともありましょうし、前後相違もありましょう。間違った考えもありましょう。それはそれと致しまして、思った通りを並べ立てて置きましたら、ご存じのお方は、大槻が口から出任せに、いい加減なことをしゃべるといって違ったところを直されましょう。そういう親切の人が沢山でて、その直しが重なって、とうとうしまいに間違いの無い、正しいものが出来るんでしょう。

それゆえ、なんでも構わず、自分が見ただけ聞いただけで、ざっと三百年間の移り変りを述べることに致しますから、皆さんそのお積もりで聞いて下さい。嘘も法螺《ほら》もつくのじゃありません。自分が今まで知ってるのは、これだけです。これだけならば、朝飯まえとは、口幅が広いが、一日でしゃべれます。

江戸の時代と申しますは、徳川将軍家が幕府を武州江戸に建てまして、天下の政治を取り扱いました時代で、その時代は慶長から慶応まで、およそ二百七十年ばかりで、世の中が太平うちつづきまして、諸国の諸大名は、みんな江戸に屋敷を置きまして、家族は永住させて置きます。商人《あきんど》職人も諸方から入り集いまして八百八町に軒を並べて、商売繁盛いわんばかりもありません。実に花のお江戸と申しましたが、日本第一の大都会でありますす。今日は皇居をすえられまして東京となりましても、その繁華はいやが上で、東洋屈指の大国都であります。

この大都会、すなわち花の大江戸に行なわれ来つつありました、衣服の風俗を述べんには、鎌倉の幕府滅びてより、南北朝と皇室も立ち別れ給える頃より、日本国中は戦争がうち続きまして、二百八十年ばかりのその間は、三十年とつづいて世の中の平穏なことは無いのです。

ところで徳川将軍家康公が、幕府を立てられて（慶長八年、一六〇三）から、初手《しょて》三代（家康・秀忠・家光）の間は、大坂だの島原だのに軍《いくさ》がありましたばかり、そのほかには斬ったり、はったり血を流すことはありません。大坂（1）も島原（2）も長引いたことでもなし、ことに江戸とはかけ離れている土地ですから、江戸の人は今日のように郵便も無ければ電信も無い、新聞はもちろん、汽車汽船も夢にも知らない時代で、十日以上草鞋《わらじ》で歩かないでは江戸から大阪へ行けないわけですから、夏冬両度の合戦も風の便り、今日で申そうなら、台湾の土匪《どひ》（3）くらいでしょうと思います。島原はなおさら九州の果てですから、江戸の人は、さのみにも感じない。して見るとこの

（1）**大坂**　豊臣氏が滅亡した大坂城の合戦、冬の陣は慶長十九年（一六一四）で、翌年が夏の陣。
（2）**島原**　島原の乱。寛永十四年（一六三七）、長崎県島原地方に発生した大規模な百姓一揆。
（3）**台湾の土匪**　日清戦争の結果、明治二十八年（一八九五）に台湾は日本の領有するところとなったが、原住民の一部（これを匪賊と呼んだ）が従わず、反乱を起こした。

間ちょっと五十年ばかりは太平で、軍《いくさ》に出た強い人は、六、七十のオジイサンとなりまして、若い者は軍ということを話の上でするばかりになりました。

さてかく太平に慣れますと、衣食住その他が驕奢《きょうしゃ》に流れますのは、自然の勢いでありまして、いつとなく贅沢《ぜいたく》となり、従いまして無益な費用がかかる次第で庶民は困窮するわけとなります。そこで幕府ではそれらの事に制限を加えなければなりません。そこで節倹《せっけん》の号令を出します。四民にその法令を守らせます。君主専制の政体ですから、公儀のお達しというものは非常の勢力で、背く者は重き罪科に処せられるのです。

そこでその節倹の法令が出ましたことは、二百七十年間に六遍出しました。最初は四代将軍家綱公の時で、寛文であります。その次は天和三年で、五代将軍綱吉公の時です。その次は、八代将軍吉宗公で、享保元年であります。その次は九代の家重将軍宝暦九年です。その次は十一代将軍家斉《いえなり》公の時で、これは松平越中殿（定信）の補佐の時（寛政の改革）です。さて一番お仕舞の節倹は、例の水野越前守（忠邦）の改革（天保の改革）

であります。これは十二代将軍家慶《いえよし》公の天保十二年です。

この改革のたんびに、風俗に異変があるのです。その子細はその前々に色々な流行がありまして、衣服はもちろんその他が何やかやに、贅沢や派手を尽くしましたを、節倹の号令が出ると一旦はすべて質素の風になります。ところが五年十年とうち過ぎます間には、またまた新規な工夫が出て、いつとなくその質素の風俗は、どこへやら消え失せまして、知らず知らずの間に様々の驕奢が起こる、この驕奢や贅沢は、以前とは違い、その時代時代の世態《せたい》人情で一種のなりふりとなるのです。ですからこの六度《むたび》の改革で衣服の風俗のうつりかわりが分かるのです。

ウウ、こういう理屈が、あるんですから、江戸時代の衣服のことは六度の改革につきまして、一切れ一切れにお話しいたします方が、よろしいだろうと思います。よって、都合七段に致してお話しするように致しします積りです。どうかさよう御承知を願います。エエ、前にもお断わり申しました通り、なにぶんお急ぎの御注文ですから卑怯なようですが、存じているだけの事のお話しをするのですから、漏れもありましょうし、考え違いもありますだろう。なお皆様方のお説もおいおい承り、自分も閑暇にはとくと取調べまして、長いうちには間違いの少ないものに致しとう存じます。

第一談　慶長、元和、寛永、正保、慶安、承応、およそ五十年（1）

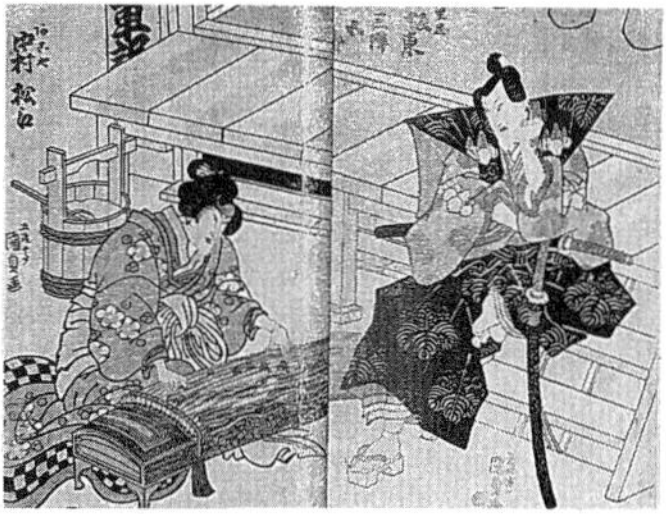

「壇浦兜軍記」より阿古屋の琴責め（五渡亭国貞画）

金ピカの裃

まず第一談に述べますは、あの阿古屋《あこや》の琴責《ことぜめ》の芝居《しばや》（壇浦兜軍記）をごろうじろ、奇麗ですねえ。二重《にじゅう》（二重舞台）の上に並んでいる重忠《しげただ》も、岩永《いわなが》も、錦《にしき》（2）や金襴《きんらん》（3）の裃《かみしも》（4）を付けているし、遊君《ゆうくん》阿古屋のだてな裲襠《うちかけ》（5）姿、それに付き添う榛沢《はんざわ》も、金ピカの裃（6）です。

そこです、傾城の派手姿は、良うございますが、武士達のピカピカは変ではありませんか、芝居だから、狂言だからだと、どなたもそう見ていらっしゃるでしょうが、慶長か

（1）**およそ五十年**　慶長年間（一五九六〜）から承応年間（一六五二〜五五）

（2）**錦**　いろいろの色糸を使って文様を織り出した多彩色の織物の総称。現在一般に錦の範疇に入れているものは、つづれ錦・糸錦・唐織り・大和錦（倭錦）などがあり、帯地・袋物・法衣地・人形衣装・舞台衣装や、表具地・装飾品などに使われている。［文］

（3）**金襴**　紙に漆で金箔を接着し、それを細く裁断した平金糸、および絹糸を芯にして金箔を巻きつけた撚り金糸を糸同様に扱って織った織物の総称。［文］

（4）**裃**　江戸時代の男子

古様の肩衣（瓦礫雑考）

直垂（『古典参考資料図集』より）

ら寛永の昔は一国一城の領主たる大名はもちろん、いやしくも士《さむらい》たる者はみんな本当に、みんな金ピカの裃を着て、真面目な顔でいたのです、決して芝居でばかりするのではありません。その時代の風俗が操り芝居の人形に残っているのを、後に人間がその通りの衣装を着るのです。それですから、三百年の今日まで、寛永の様《さま》を目に見ることが出来るんです。しかし昔のは肩衣《かたぎぬ》の幅が狭い曲尺《かね》の八寸くらいで、芝居のようではないのです。そうして襞《ひだ》はないそうです。この錦また金襴の裃というやつを、今見ると成程おかしい馬鹿らしいように思いますが、ようく考えて見ますと、おかしくも何ともない。なぜならば錦の直垂《ひたたれ》（7）というものは、昔から大将分の着るものでしょう。

礼服。袖無し短衣の肩衣とひだをとった袴からなる。

（5）**裲襠**　表着の帯を締めた上に打ち掛けて着る、婦人用の丈の長い小袖。武家婦人の礼装がしだいに普及し、豪商夫人や遊女のものに裾綿を厚くし、贅をこらしたものが多くなった。歩行の際に褄を掻い取るので、かいどりともいう。［江］［文］

（6）**金ピカの裃**　「世事百談」（天保十四年、山崎美成著）に次の記述あり。「○緞子の裃（前略）昔は仕官の人なども繻子・緞子の裃を着たるなり。今も越後の農家などにて婚姻など、はれの時は、緞子・錦の裃を用うと聞け

あの斎藤別当実盛《さねもり》が、加賀の篠原《しのはら》で討ち死にいたします時に、錦の直垂で、どうしてこうしてと言うことが、源平盛衰記(8)にあります。また陣羽織(9)にも、赤地《あかじ》の錦などがありますし、猩々緋《しょうじょうひ》(10)もありましょう。

この裃という服は、直垂の袖を取りはなした物ですから、戦国の武士は、あたりまえと思って、平気で着ているのです。その時代の人は、おかしいどころか晴の衣装で、下々の者は、うらやましく思うくらいであったでしょう。

この裃は上の方を肩衣と申し、今も申す通り直垂の袖なしなのです。下の方は袴《はかま》です、襠《まち》(11)を高くしまして、馬に乗るに都合よく仕立ててあるのです。上下《うえした》と別々ではありますが、同じ色で、織紋《おりもん》(12)も同じのを法式とするのです。

身分のある武士ばかりでなく、その又家来でも、礼服には裃を着るのです。お能の狂言に「太郎冠者《たろうかじゃ》いたか」「おん前に」と、出かけます、太郎冠者も、また次郎冠者も、裃を着ておりましょう、あれです。しかし今の狂言のは、肩衣と袴と色も模様も違っておりますのは、裃というものの本式ではありません。

り。戯場にては常のことなり。これらもみな古風のなごりというべし。むかし緞子の裃を着たることの物に見えたるは、寛永頃の記録に、青柳某という人の、緞子の袴、くゝり股だちにて、羅紗の雨羽織、数寄屋足袋、高木履に、下人に傘をさゝせ通りけるということ見え、また白石遺稿に、むかしはしかるべき仕官の人は大かた緞子・繻子等の裏付け候裃を用いられ候と承り及び候。ある人の親父は、しかるべき御役をつとめ、世のもてなしも大かたならず候人にて、齢もその頃五十ばかりにてもこれ有るべく。しかるに唐織の緞子の裃たゞ一具にて、日夜の昵近

町人百姓でも中等以上の分限者《ぶげんしゃ》は、礼式の時にはやはり裃を着けます、ただし略して肩衣ばかりで、袴なしで済ませたらしいようにもあります。近頃はあんまり見かけないようですが、本願寺の報恩講に参詣する門徒は、肩衣ばかり肩にかけ、前の両衿《りょうえり》を帯に差し込んで、御堂《みどう》参りをいたしました。これらは昔の礼服の格式を捨てず、阿弥陀様を拝むんでありましょう。また女は角隠《つのかく》しとか申しまして、縁《へり》ばかりの輪帽子《わぼうし》をかぶって、お参りします、この帽子はこの時代より後に出来た風俗です。

小袖

さてまたエエ、婦人の風俗を申しますと、頭の髪を髷《まげ》を結うことは、この時代に無いのです。貴きも賤しきも、みんな下げ髪です(13)。乱れ箱と申すものがありましょう、あれは枕の前に置きまして、夜ねた時に下げ髪の乱れ髪を受けさせる箱であると、承知しております。ミダレバコという名目《みょうもく》もこれから出たのです。

その下げ髪は後へかき下げましたもあり、また根元を紙縒《こより》で

をし候て、君のかくれさせ給う御あとまでも存生にて候いしが(中略)今よりおもえば、緞子の裃を着用すること奢侈に似たれども、たゞ一具にて日夜の昵近を勤められたるは、かの晏子が一狐裘三十年の類にて敬慕すべし」

(7) **直垂** 中世以降、武士などが着た衣服。上衣は袖が広く袖括りをつけ、縫い目に菊綴じ、胸に緒をつけて結んだ。下衣は袴。鎧の下に用いる直垂(鎧直垂)は錦など華やかなものが調整された。下級武士用は麻の単(ひとえ)で、質素な襖(うわぎのこと)という意味から素襖(すおう)というものになる。

結んだもあり、あるいは下げた髪の中程や、先っぺのところを、髪で束《つか》ねたのもあります。髷を結いますことは、遊女から起こったもので、兵庫《ひょうご》という髷が一番古いようです。今も娼妓《しょうぎ》（遊女）の髷に立《たて》兵庫横《よこ》兵庫と申しまして、結っております。これは摂州兵庫の港の遊女から、始まりましたのです。寛永頃からの絵に見えます。それからまた、その衣類の恰好は、今日と元より大した相違は無いので、身丈《みたけ》だけの一枚で、肩から足までを覆いまして、胴中《どうなか》を帯で巻き押さえるのです。袖の大小や、帯の広い狭いくらいの相違で、模様縞柄などは、時々の流行があるんです。

下髪
（世諺問答）

兵庫髷
（近世女風俗考）

さて小袖という着物は、上着に着ます裲襠《かいどり》の広袖に対しまして、唱えまする名目であります。朝夕の常服《つねふく》

［文］
（8）「源平盛衰記」巻第三十「実盛討たる」から抜粋。
「そもそも実盛、石打の征矢を負い、錦の鎧直垂を着ることは、この度北国へ下りける時、内大臣に申しけるは『（前略）実盛討ち死にして候わば、当国他国の者ども集まって、別当（実盛）は何をか着たる、如何なる装束をかしたると見沙汰せんこと恥ずかし、故郷へは錦の袴を着て帰るということに侍れば、今度生国の下向に、錦の直垂に石打の征矢御免を蒙り候わん、且つは最後の御恩なり』と所望申しければ、初めは許し給わざりけるが、既に打

裲襠の広袖（岩木絵尽）
中央が裲襠、右は小袖、左は被衣

ではありますが、言わば下着のわけです。袂《たもと》を丸《まろ》くして縫い合わせ、手の出るだけ、小さく袖口を開けて置くのです。この小袖の着物の上へ帯を締めるのです。カイドリは、ウチカケと申しまして、その上へはおるのです。肩から打ち掛けるより唱えるのです。搔取《かいどり》は両の合褄《あいつま》を、手で搔き取って歩くより唱えるのです。帯の上になる着物です。これは女の礼服ですから、貴人《きにん》ばかりでなく、町人でも相応の分限《ぶげん》の家の妻や娘は、儀式の時は着るのです。ちょうど男の裃と同《おんな》じです。

エエ、今日では絹布《けんぷ》の綿入れに限り、小袖《こそで》と唱えますが、前申す次第でありますから、木綿でも麻でも、袂を縫ってある衣類は、みんな小袖です。男の服も同じことで、直垂も素襖《すおう》も広袖で、その下へ着る着物は小袖で、袂のある仕立てであります。

ち立つところに、実盛思い切りたる顔の気色、且つは哀れに思い、且つは軍を進めんが為に、内大臣の我が料とて秘蔵せられたりけるを、取り出して下し給えり。実盛かしこまり給いて、千秋万歳の心地してぞ着たりける。これを聞ける大名小名、（実盛の遺骸に対し）袖を絞らぬはなかりけり」

(9) **陣羽織**　陣中で鎧・具足の上に着た袖無し羽織。

(10) **猩々緋**　猩々は想像上の動物で、その血の色がもっとも赤いとされたことから猩々緋と名付けられた。色票番号26、黄みの冴えた赤色。

(11) **襠**　衣服や袋物などにつけ加えられる、主とし

それゆえに小袖は二枚重ねて着ることは、昔は無いようです。一張羅《いっちょうら》と申すことがあります。裲襠なしの小袖一枚を、さように唱えましたものかと思われます。

　さてまた、この時代の婦人が、外出します節は、かつぎ(14)と申す麻布《あさ》で拵《こしら》えた衣類を頭からかぶります。これは人に顔を見せるが恥ずかしいという心ですか。女は群衆《ぐんじゅ》の中などに立ち交わるべきものならずという心ですか、貴婦人令嬢のみならず、腰元の女も被衣《かつぎ》を用いましたものです。町家《ちょうか》でもかぶりました。江戸でこれが止みましたは、幕府で禁じたのです。その子細は、三代将軍家光公が薨去になりましたは、慶安四年(一六五一)で、この年に由井丸橋の浪人騒動(15)がありました。その翌年は承応元年で、この年の九月に芝の増上寺に御法会(16)がござりました。時にこれも浪人で戸次《べっき》・林・藤井などの族《やから》が、被衣を冠りまして女とごまかし、群衆の中に入り込み、時の老中松平伊豆守を殺さんと狙いましたところで露見して捕らえられたことがあります。これから被衣と申すものは、禁ぜられましたのです。京都では、御所の女中達は近年まで、

て三角形の部分。[文]

(12) **織紋**　織り方や組織の模様など。

(13) **下げ髪**　「貞丈雑記」(伊勢貞丈が宝暦末以降書き続けた随筆)に異説あり。「一、古、下賤の者の妻などは、髪をあげて、つのぐるという結いようにして、白布にて頭を巻きたりとぞ。今も猿楽の狂言の時、女の形をして白布にて頭を巻きて出るは、古の風を伝えて左様にするなり。

　一、古の女、常に櫛・笄をさすこと無し、常に髪を下ぐるゆえなり。げす女は髪を上ぐるゆえ、笄をば挿せども櫛さすことは無し」

(14) **かつぎ**　被衣・かづきとも言う。

菅笠
（西鶴大鑑）

輪帽子
（常盤草）

塗笠
（七人比丘尼）

覆面頭巾
（一代男）

綿帽子
（京すずめ）

「いにしえ、貴婦人の外行きの時、単衣の小袖を、頭、背に被り、両手をあげて支え行きしもの（中略）、江戸時代になりては、一種の服として製し、襟を前へ三寸ばかり下げて縫い、模様など染めつく（後略）」［言］「（前略）明暦・万治の頃より被衣すたりし成るべし、是は塗笠編笠その頃より流行り出でしより被衣廃せし成るべし。それよりほどへて元禄の頃、又昔にかえりしか、尾花（元禄四年頃印本）に、『下女ひとり連るるほどの身は、もはや被衣ぞあらまほし、云々』。さて松陰閑語（阿川義広老人の筆記）に、京師某の話とて記されたる条に曰く、

被衣姿で外出しました。私は現に見て知っております。今はどうですか、何だか見かけないようです。芝居で妹背山の橋姫などをやる（演ずる）のです。

この頃より女が塗笠・編笠（17）をかぶることとなりました。それから覆面頭巾（18）をかぶることも起こりまして、後には笠は葛笠《つづらかさ》となり、頭巾は綿帽子《わたぼうし》・輪帽子《わぼうし》と流行がかわりました。衣服の変遷を主一《しゅいつ》と述べるのだから、かぶり物は大概にします。

この頃に出版になりました「四季模様」（19）と題します二冊物に、小袖の模様がありますが、いずれも大形の総模様です。正月から十二月までその時候むきの絵様《えよう》をかきまして、衣桁《いこう》へ懸けた所を見せまして、最初に十二枚その他も同じ形《かた》で、なお十余枚あります。しかし衣類の模様は前にも申します通り、その時々の流行りがあるんです。寛永頃から以後

四季模様（四季模様諸礼絵鑑）

『天明の頃迄は家柄の町人腰元つきしほどの女房、年礼あるいは大礼にかづきを着たり。安永の末つ頃町人等被衣を着る事をきんじられしよりやみたり云々』とあれば、安永の頃制禁になりしもの成るべし」（近世女風俗考）

（15）由井丸橋の浪人騒動 慶安事件といわれる。由井正雪・丸橋忠弥を中心とする浪人集団が幕府転覆をはかり、一斉蜂起の準備にかかったが、事前に露見して処断された。この事件は、歌舞伎「慶安太平記」を通じて大衆に親しまれている。

（16）芝増上寺の御法会 二代将軍秀忠の夫人崇源院の二十七回忌法要。

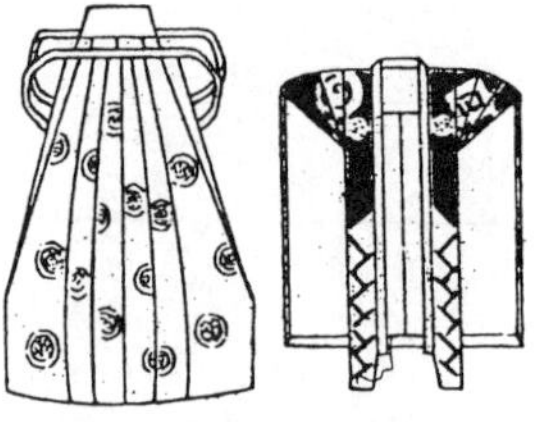
狂言袴（『日本国語大辞典』より）

三、四十年の間は、丸尽《まるづく》し（20）と申す模様が永い間流行したそうです。狂言袴と申しまして、お能の狂言師が穿いて出ます袴に、丸輪がありまして、その中に色々な模様を描きます。あれです。あの通り着物の模様を染めたり、また縫模様もあります。地色は様々あるらしいが一色です。丸の中の模様は彩色があります。丸模様とも申します。抹茶碗にも焼物皿にも、丸模様があります。抹茶家は丸尽くしの茶碗を、狂言袴と唱えます。そうしてこの丸尽くしは帯にもあります。これは女の着物の模様ですが、男の衣服は白地が一般に行なわれまして、白地に様々な好みの模様を染めだしたようです。芝居では錦の裃の下に、錦や緞子《どんす》（21）の小袖を着ていますから、それもこの時には着たものかも知れません。

　さてまたエエ、婦人の着物は、身幅も広く丈も長く引きずるように致しますも、この時代やっぱり今日の如くであるらしゅ

（17）**塗笠・編笠**
「寛文の末、延宝のはじめ頃までは塗笠・編笠を専ら着たり、延宝中頃より木地の葛笠と言えるもの流行りしゆえ、此の二品はすたりしなり」（近世女風俗考）

（18）**覆面頭巾・綿帽子**
「綿帽子は老女の寒風を凌がんとて、頭上に頂きしなり。若き女のかづきし事昔はなきことなり。延宝の始め寛文の末、男女風俗一変せしより起りし事とおぼゆ、また昔は若き女の覆面頭巾（奇特頭巾、あるいは気まま頭巾とも、今の眼出し頭巾なり）をかぶれり」（近世女風俗考）

（19）**「四季模様」**「四季模様諸礼絵鑑」（天和年間成

うございます。古来《むかしから》、女の裾の引きずるようにしているは、足などの見えるを不躾な事として、それを隠さんため、また足の踝《くるぶし》が現われるまでの丈短かな着物は手弱女《たおやめ》に似つかわしくないという、心でもあらんかと思います。ある説に、妊娠せし時に腹の大きくなるに従い、幅広く丈長くないと、それこそ見っともないからで、自然の道理で、こういう着物の製作に、大昔からなっているのだと聞きましたが、これも一理ある説です。

帯は前締め

帯売り（七十一番職人尽）

そこで帯（22）です。帯は昔から派手な品を、締めたものと見えます。しかし幅は女物でも、今日の男帯くらいで、男はなお狭い帯を締めたのです。「職人尽」（23）に帯売りという商人がありま

立・小袖模様の雛形）のこと解する。東京国立博物館および三井文庫の蔵品ともに一冊物で、後半を欠き、32頁に取り上げている帯巾の記述は確認できない。

(20) **丸尽し**　「慶安より万治寛文の比（ころ）、女の衣服に丸尽しの文様おこなわれたり」（骨董集・文化十一年山東京伝著）。33頁の名護屋帯の図にも見られる。

(21) **緞子**　中国宋代に始まった精妙な織物。一般には地を経の五枚繻子（経緯が表面に出る比が四対一、つまり交差点が四方桂馬に飛ぶ組織）とし、その裏組織の緯五枚繻子で文様をあらわすものをいう。［文］

すから、帯だけは特別な品があったに相違ありません。金襴緞子から絹また羽二重《はぶたえ》(24)など、等級がありますが、金糸の入ったを多く用いましたようで、木綿帯にも金入りという事が見えます。ソコデ女帯の幅は曲尺《かねしやく》(25)三寸を定法《じょうほう》と致しまして、幅の広いは下作《げさく》な人品《じんぴん》としました。「四季模様」にも、

　帯の広きも、狭きも、時の風《ふう》に従う。これも広過ぎれば派手に見えて、賤《いや》しきものなり。また細きは初心《しょしん》めきて見ぐるし、およそ二寸五分たるべし。

とあります。鯨尺の二寸五分は、曲尺の三寸です。

エエ、帯地は緞子・繻珍《しゅちん》(26)・糸錦《いとにしき》(27)など、織幅を曲尺二尺五寸としまして、それを四つ割りにしました、またそれを二つ折りにして、合わせ目はくけて(28)締めるのです。丁度縫い代を取りますから、三寸になります。また羽二重などは、両割《ふたつわり》にしまして、やはりそれを二つ折りにします。帯心には紙を入れたそうです。見てきたように思し召そうが、詳しくある本(29)に、書いてあるのです。長さは六尺五寸から七尺余りのもあります。男の帯は幅二寸ばかりと書いてあります。男の

(22) 帯　帯についての講義は、第二談以降も続いて行なわれる。本書の前半では帯に限らず、全般的に「近世女風俗考」からの引用かと思われる記述が随所に見られるのであるが、この「四季模様」からの抜粋文は、「嬉遊笑覧」（喜多村信節著・文政十三年自序）にも収録されている。「近世女風俗考」の項目「帯の事」の冒頭部は次のとおり。「昔の女の帯は今世の男子の帯よりもせまし。女鏡秘伝抄（寛永年間印本）に言わく『帯はひろきもせまきも時の流行にしたがう。広すぐればはしたにみえていやしきもの也。またちさす

帯は元来、着物の帛《きれ》（布）の内から裁ち出して、同じ品を締める寸が法（寸法、基準のこと）です。

帯の締めようは男も女も前で締めるものです。今日で申す挟《はさみ》帯《おび》・巻帯《まきおび》などです。女には突込帯《つっこみおび》などという、締めようがあります。エエ、また名護屋《なごや》帯と申しまして、この時代に流行りました。両端《りょうはじ》に総《ふさ》を付けました丸打ちの紐です。袋真田《ふくろさなだ》のような組み方です。遊女どもが夏帯に締めたのが、流行り出したものと思われます。肥前の名護屋から流行り始めたから、この名目があると申しますから、豊太閤が朝鮮征伐の時、この地に御在陣ありましたから、軍人目的《めあて》の遊女等が出来て、それらの洒落に始めたのだろうと思われます。

名護屋帯（近世女風俗考）

女の前垂《まえだれ》もこの時代にありまして、赤前垂と申して、御所の厨女《みずしめ》（下女）が緋の袴の略しです。それが市中に伝わり、宇治の茶摘女が用いましてから、茶屋女が前へ掛けます。

ぐれば腰もとあしく、およそ二寸五分たるべし。（中略）云々』とあり、ここに二寸五分とあるは曲尺なるべし（以下略）」

(23) **「職人尽」** 職業風俗の画集。

(24) **羽二重** 絹布の薄くして甚だ光沢あるもの。平絹とも言い、経緯に無撚の生糸などを使用した、主として平組織の後練り織物。［言］［文］

(25) **曲尺・鯨尺** 尺貫法の長さの単位は、一尺が三〇・三センチの曲尺を常用とするが、和裁では、もと布を計るのに用いたという鯨尺を使用する。鯨尺の一尺は、曲尺で一尺二寸五分（約三八センチ）に相当す

足袋
(女用訓蒙図彙)

前掛《まえかけ》とも申すのです。しかし京都です、江戸にはこの時代まだ無かろうと思われます。

足袋《あしふくろ》(30)をタビと申すは、単《ひと》え皮を用いますから単皮《たんひ》の字音からタビと申すのであります。男女共に革足袋を穿いたのです。ことに女は紫革《むらさきかわ》を用いました。しかし木綿足袋もこの時代にはすでに世の中にあったに相違ないようです。

履物は革履《かわぐつ》も木履《ぼくり》も昔からあったのです。この時代には、草履を金剛《こんごう》(31)と唱えました。藁草履を藺《い》金剛と唱え、裏に板を付けましたを板金剛と唱えます。金剛と申しますは、大丈夫という心だそうです。

ソレカラ筍《たけ》の皮で作りまして、裏へ革を付けましたを、雪駄《せった》(32)と申します。千の利休が雪の日に茶の会《え》を致しました時に、工夫して製作したとか言い伝えますが、別に確かの証拠もありませんようですが、この時代からあって男女共に履いたには相

る。

(26) **繻珍** 繻子組織の地に、多数の絵緯(文様を織り出す色よこ糸)を用いて種々の文様を織り出した絹織物。華麗な織物として珍重され、主として打掛や帯として用いられた。[文]

(27) **糸錦** 色糸や金銀箔を用い、紋織り組織によって織られた美術的な織物。主として丸帯・袋帯・七五三用の祝い帯に用いられる。

(28) **くける** 絎ける。縫い目が表に見えないように縫う。

(29) **ある本** 不詳。81頁の注参照。

(30) **足袋** 「昔は男女とも革足袋をはきしなり。ことさら女は紫

違ありません。

風呂屋と涼み船

サテこの寛永中に、世の中一般、風俗の驕奢なりしことは、丹前《たんぜん》の風呂屋と、三又《みつまた》（33）の涼み船の盛んなのでよく分かります。

丹前と申しますは、丹後《たんご》殿前《どのまえ》というべきを、上下の文字を採りまして、略称いたしましたです。今の神田雉子《きじ》町に堀丹後守の屋敷がありまして、その南門前の向い側に、風呂屋があったのです。今の三河町四丁目と美土代《みとしろ》町四丁目の北通りです。江戸の古い図に四軒町・六軒町の名がありますが、風呂屋の跡でしょう。

この風呂屋は銭湯で、湯女《ゆな》と申して、みめよき女を抱えて置きますで、やはり遊女です。その湯女というものは、摂州有馬の温泉に今もあります。大湯女・小湯女と申して、浴客の入湯する世話をするのです。昔は売色でしたろう。今は中婆さんに十二、三の小女です。この丹前の湯女も、昔のその風を移しま

革足袋をはれとせしなり。（中略）寛文中、木綿の畝ざしというもの専ら流行す、是れ今はく所の足袋なり。昔は底の如くさしたるものなり、絹たびをはくは貞享頃より起りしものなるべし、其頃の物に多くみえたり」（近世女風俗考）

(31) 金剛
「雍州府志に、草鞋を草履と謂い、また金剛と称う。其の製法堅密にして遠方に行くと雖も損ぜざるゆえに、俗に金剛という、云々（原文漢文）」（近世女風俗考）

(32) 雪駄
「かた言に言う（中略）是れは未だ無下に近き頃、京の者がつくらせてはきはえりしを、利休といいし茶の

したもので、昼のうちは入湯の客の背中の垢を流します役で、風呂は日暮れかた仕舞いまして、てんでんに身じまいをしまして紅白粉を塗り立て、派手な着なりで店の格子に並び、金屛風など引回し、三味線を弾き、小歌など唄いまして、うかれ男を呼び、色を売るのです。江戸中諸所に沢山ありましたが、この丹後殿前の風呂屋が、一番に繁盛しまして、別嬪《べっぴん》どもも沢山おるんですから、客がみんな丹前丹前と申して、遊びに来るのです。湯女どもが衣服に色々の好みがあって、これを丹前風と申しました。

それゆえに遊びに来る客も、思い思いに派手な衣服を着ますから、これも丹前姿あるいはだて衣装などと申しました。

このだて姿と申しますこと、私の旧藩仙台の伊達家から起った事と、昔から申し来たりますが、それは間違いです。物の派手立派なことを、だてと申しますは、よほど古くからの言葉で、仙台黄門(34)政宗卿の時より、ずっと以前です。それに伊達《イタツ》と書いて、だてと上のいを省いて唱えますも、後のことで、黄門(政宗)が直書《じきがき》の仮名文には、イダテとイの字を、上に冠ら

湯者が世に弘めてはやり出はえりしとかや、竹の皮には自然と般若の文字のはべると言伝えて、笠などにはせしかど、足にはく物には昔は用いざりしを、末の世には色々と改まりて、古風をうしなうこと是に限らずといえり、云々」(近世女風俗考)

「雍州府志土産門に曰く、雪踏は筍皮を鞋底に敷き重ねる故に、霜雪を履み、湿地を踏むと雖も沾濡(ぬれること)せず、これに依って雪踏と称す。然るに其の敷く所の革また滑って石を踏む、即ち転仆(転倒)の患い有り。ゆえに重ねて革を其の下に敷く、是を裏着きという、云々(原文漢

せて書いてあります。慶長・寛永の頃は、伊達《イタチ》をだてとは申さないのです。だて姿などのだては、気だて・腕だてなどのだてで、一際《ひときわ》すぐれたことを申すのです。

その伊達から思い付きました。エエ、仙台とエエ、この丹前の湯女につきまして、一つ世の中にこれも間違っているお話がしたい。衣服の話には横道だが、しゃべりついでに一言のべます。

ウウ、そこでそのお話と申しますも、余《よ》の儀ではございません。世間の人が、仙台様に高尾(35)と申しまして、梅川・忠兵衛(36)やお七・吉三、お半・長右衛門と並び唱えますが、仙台の藩主で遊女高尾に掛かりあいました者は、一人もござりません。しかし前申す黄門の孫に当ります陸奥守《むつのかみ》綱宗《つなむね》朝臣《あそん》が、丹前の津の国風呂の湯女《ゆな》勝山《かつやま》に、なじみましたは、確かであります。この勝山という女は中々の美人でありまして、年も十七、八と申す色盛りであります。情も深く髪形とりなり(なりふり)、よろずにつけて世の人に変りて一流をば占め、世にもてはやさるると、ある書にかいてありますから、丹前第一の美人に相違な

文)」(近世女風俗考)

(33)三叉　隅田川に架かる清洲橋下(現地名は日本橋中洲)のあたり。隅田川が二つに分流する三叉水路。仙台侯と遊女高尾の虚説の場。

(34)仙台黄門　伊達政宗のこと。黄門は中納言の唐名で、政宗は従三位中納言であった。

(35)仙台様に高尾　本文記述のとおり虚構の話であるが、巷間に広く伝わった。あらすじは、仙台藩主伊達綱宗が吉原随一の遊女三浦屋の高尾に惚れ込み、高尾の体重に相当する金子を積んで身請けをし、船で藩邸に戻る途中、どうしても高尾が靡かないので綱宗は立

い。それですから綱宗朝臣が懸想して、津の国風呂にしばしば足を向けられたのです。

しかるに伊達兵部《ひょうぶ》・原田甲斐（37）など、その落ち度を申し立てて、隠居させせました。これは万治三年（一六六〇）七月の事です、年は二十一です。なにゆえに朝臣にかかる所業ありしというに、この年六月から、幕府の命で、神田川の掘割りをしましたので、今の御茶ノ水の掘割りです。その工事を検分するに就きまして、丹後殿前を往来《ゆきき》の間に、通りましたことがありまして、ああ美い女だと目に留まって、それからエエ、何かしたのです。

するとかねて野心のある族《やから》が、好い潮と押込めましたのです。藩の記録によりますと、工事の監督という名で、外出しました間は、四十七日しかありません。毎日毎日出かけるでもありますまい。一日おきとしましても、二十遍で、それもそのたんびに、津の国へしけこんだでもありますまいと思われます。さりながら、とにもかくにも、この勝山という湯女に馴染んだには相違ありません。

腹し、三叉の辺で高尾を船中からさげ斬りにしたというもの。
（36）梅川・忠兵衛　恋愛悲劇の主人公。お七・吉三、お半・長右衛門も同じ。
（37）伊達兵部、原田甲斐　仙台藩の家老。

エエ、さてまた三浦屋の傾城高尾の事を取調べますと、死んだ年が万治二年・三年の両説あります。どちらも十二月です。三年の十二月は、仙台様は隠居させられた後ですし、二年の十二月は仙台在国の時ですし、年月が喰い合いませんから、仙台様と高尾とは少しも関係無いのです。

そこで、その無いのが、どうして世の中の人が、本当にあった事のように申し伝えておりますのは、まったく芝居からです。お話が長くなりますが、この万治三年より二十八年後(38)の、寛保元年(一七四二)に、榊原式部大輔《しきぶだゆう》という播州姫路十五万石の大名が、遊女高尾を身請けいたしました。これは十代目の高尾です、万治高尾は二代目です。榊原がこの罰で隠居させられた上に、越後高田へ国替えになりました。同じ十五万石の禄高ですが、領地の善し悪しで物成り《ものな》(収入)がたいへん少ない場所に移されました。それは放蕩のあげく遊女などを請けだした罰です。

さて狂言作者など申すは、目先の新しいものを芝居にして、人気を寄せるが奥の手ですから、中二年おきまして、市村座で

(38) 二十八年後　「八十二年後」の誤記ではないか、万治三年は一六六〇年である。

高尾懺悔という所作狂言を市村万蔵にさせました。その次々の年に大鳥毛《おおとりげ》五十四郡という名題で、森田座で通し狂言に仕組みました。しかし柳原様に高尾といっては、あまり近すぎるもので、察等《さっとう》（咎め）でも受けるとつまらないから、誰か大名で遊女にかかりやった人はないかと捜しました。その捜しあてられて、白羽の矢が立ったのが仙台少将綱宗殿で、これ妙々と、とうとう五十四郡の名題の下にまんまと首尾よくではない、運悪く、八十年も前の古傷を、槍玉にあげられたので、好い面の皮です。それから今日まで、仙台様の高尾とカラッポの浮名を流しております次第です。これでこのお話はやめ。

さてまた、前の涼み船のお話でありますが、これは「昔々物語」(39)また「談海」(40)と申します書物にかいてありますから、それをちょっぴり読み上げましょう。エエ、

慶長の頃、暑気強きゆえ、諸人涼みのため、平田船(41)に屋根を造りかけ、これを借りて、浅草川(42)を乗り回し、暑さを忘れ慰む、これ船遊びの始めなり。大身《たいしん》は大勢の供人ゆえ船狭く涼しからず云々。船頭ども申し合わせて、

(39)「昔々物語」随筆、寛文から享保年間の時事見聞録、著者は財津種莢または新見正朝。

(40)「談海」随筆、安永から寛政年間の時事見聞録、津村正恭（文化三年没）著。

船次第に大きく造り立て、四、五間ある船になり、承応のころ船の盛りにて。云々

これは「昔々物語」の文です、又「談海」のは違います。それはこうです。エエ、

江戸小網町に、水野助右衛門という町人あり、松平陸奥守殿の蔵本（武家御用達の商人）なり、その総領に善四郎という者あり。云々。善四郎が友達岡野・大森などいう同じ破太郎《やれたろう》(43)ども申し合わせ、船遊びに出けり。この時岡野は屋形船(44)を受取り、大森は料理事を受取り、水野は杉重《すぎじゅう》(45)を出すべき儀なり。その杉重に子細あり。まず下の重には鶉《うずら》三羽生きながら毛を引いて、青竹に括り付けて中に下げたり。その次の重には五色の灰の中に三十二双倍の伽羅《きやら》(46)をいけ、船に乗るや否や、火を付けてこれを薫《くゆ》らかしける程に、河中異香薫《くん》じて皆人高鼻をかぎ、その船床《ゆか》しそうと見るなり。

かかる驕奢のため、水野父子は藩主の怒りに触れまして、父子を縛りまして、品川沖へ船にのせ、首斬って死骸は水中に投

(41) **平田船**　石運搬用の平らな船。

(42) **浅草川**　隅田川の別称。浅草の吾妻橋（今戸の辺）から下流を浅草川または宮戸川と呼んだが、後には大川と呼ばれる。「紫の一本」に次の記述あり。「隅田川」千住川の下、浅草川の上なり。「浅草川」角田川の下より浅草川と云う。宮戸川とも云うといえり。浅草御蔵のさきよりは、御法度にて魚をとる事ならず。御蔵より下にては何猟も仕るなり。

(43) **破太郎**　道楽息子

(44) **屋形船**　屋根のある大形の遊山船。舟子は屋根上から棹をさす。これに対し小船で簡単な屋根がけを

げ棄てたことがございます。これは前申す綱宗朝臣の父（忠宗）の代ですから、丁度承応あたりのことでしょう。後来《こうらい》（こののち）芝居で高尾の吊し斬りという狂言をしますのは、この水野父子を船で殺しましたのを、借り用いましたものと存じます。

そこで江戸が開けましてから、この頃までは五十年で戦国の余勇《よゆう》（ありあまる勇気）が、太平の驕奢にくっ付きましてから、幕府でもにわかに制限を立てましては、民情に逆らうようになって、なかなかに（なまじい）浪人騒ぎなどを起すことも、あらんなどの心配もありましたろうし、それゆえなるだけ干渉いたしませんで、世上の風俗は成るがままにしておいたものと見えます。

しかしながら土地が開け、人口が増えるに従いまして、市街の取り広げをせねばならぬ次第になりまして、吉原の遊廓を浅草田圃《たんぼ》（47）へ移すことを命じまして、市中の湯女は一切禁制にしました。その折に明暦の大火事で、江戸市中に一大変革を与えました。それからは第二談になりますから、ちょっと一服とします。

したものを屋根船という。70頁の図参照

（45）**杉重**　杉の木製の重箱

（46）**伽羅**　熱帯産の香木「沈香木」の枯れた芯の部分。香として珍重している。

（47）**浅草田圃**　浅草寺の後方、現在の台東区浅草・千束の一帯は田圃であった。吉原は田圃の真ん中に設けられたのである。

第二談　明暦、万治、寛文、延宝、二十五年（1）

明暦の大火と諸事簡略の令

　さて、引き続きましてお話申しますは、今も申しました明暦の火事です。この火事は大変な大火事で、江戸中みんな焼けたと申してもよろしいのです。明暦三年（一六五七）正月十八日に本郷の丸山《まるやま》本妙寺より出火しまして、鉄砲洲《てっぽうず》の海岸まで焼けました。ところが、その火の翌日まだ消えないうちに、小石川の伝通院《でんづういん》前からまた出火しまして、丸の内を焼き、江戸のお城はもちろん、本丸・二の丸・三の丸も天守櫓《やぐら》もみんな焼けました。西の丸と紅葉山だけが残りました。大名の屋敷はたいがい焼けました。その火と同時に番町からも一口火事が出まして、桜田から愛宕《あたご》下通り、芝の札の辻の海岸まで焼き払いました。この三口の火が炎々と燃えて行くのですから、逃げ場を失いまして、焼け死んだ者が十万八千人と申します。大名旗本など武家屋敷は千三百軒、町屋は通町《とおりちょう》（2）・裏町にて千二百町、神

（1）二十五年　明暦年間（一六五五～）から延宝年間（一六七三～八一）

（2）通町　大通りに面した街すじ。

社仏閣は三百五十余と申すことですから、江戸はまず九分九厘焼けたと言ってもよろしいのです。

この火事は、江戸幕府の建ちましてより、エエこうと、丁度あのう、五十六年になります。そこでこの大焼けが江戸風俗の大変動になるのです。

この時の将軍家は、四代目の厳有院《げんゆういん》（家綱）と申すお方です。あまり賢明の御人物ではないのです。しかしながら叔父御《おじご》に当る会津中将正之朝臣《まさゆきあそん》（保科正之、二代将軍秀忠の四男）（3）が補佐という職にいて、政治は万端この御人の決断にあるのです。また老中には知恵伊豆との名がございます、松平伊豆守（信綱）がおりますから、御本尊は少々ヤワでも、政治はなかなか届きました。十万石以下の大名へは十カ年賦返済で、金を貸し与えられますし、旗本御家人へは禄百石に金十両の割で、下され金がありますし、類焼した町屋へは、十六万両の下賜金がありました。

前にも申す通り、世は次第に太平になりまして、人口は年々歳々増えますから。今日申す市区改正（4）をしなければなり

（3）**朝臣**　貴人に対する敬称。三位以上の人には「藤原朝臣」のように姓につけ、四位の人には名につけた。保科正之は従四位下。

（4）**市区改正**　明暦の大

ませんし、また風俗も戦国武士の余勇を振り回されては困るということは、会津中将も伊豆守も、その処置に心を苦しめていたに相違ない。少し脇の例ですが、戦国の余勇の一端と申しますと、戦国時代には武士たる者は、君の御馬前で死ぬということを、名誉としましたゆえ、その弊として世は太平となりましても、自分が仕えております主人が、病気で亡くなっても、追《おい》腹《ばら》と申しまして、腹を切って死ぬことを無上の誉れといたしました。

エエ、こういうように命を名のために、むざむざ棄てるという人間があったのです。この殉死すなわち追腹を切るということを、会津中将がやかましく申して、まず自分の臣下へ堅く戒めました。同時水戸黄門（徳川光圀）もやはり禁じまして、ついに寛永八年（一六三一）に至りまして、天下一般に殉死厳禁の法令（5）を発しました。またその後に士分《しぶん》（6）の外《ほか》は、大小の両刀をさすことを禁じました。

まずこういう風に、殺伐の気風であったが、この大火以後は、政府の禁制もあるんですけれど、人情もまた変わりましたので

火を契機とする市区改正は大規模に実施された。たとえば徳川御三家が城内から出て、小石川（水戸家）・市ケ谷（尾張家）・赤坂（紀州家）へ移転、寺院が町外へ（吉祥寺が神田から駒込へ等）移転、道幅を拡げたほか防火用に広小路（上野・浅草等）の設置などである。

（5）**殉死厳禁の法令**　四代将軍家綱が、全国に殉死の禁令を発したのは、寛文三年（一六六三）である。寛永八年の禁令は確認できない。

（6）**士分**　武士の身分。

す。この明暦の大火から三年後に、京都も大火で、内裏《だいり》はもとより、公家衆の居宅が百二、三十軒も焼けまして、町屋の類焼は六百軒ばかりです。三、四年の間に江戸も京都も丸焼けになりましたのです。京都の火事は寛文元年、やっぱり正月です。

そこで、寛文三年（一六六三）九月に、若年寄より出しました、節倹の号令（7）があるんです。旗本衆御家人衆へ触れたものです。その文はこうです。読み上げますぞ。エヘン。

このたび禁令が発せられた件につき、御老中がたも衣服等も、古きを御着《おんちゃく》し、御料理ならびに日常のおかずをも軽く成されるの由である。それにつき番頭《ばんかしら》衆の衣服は結構（高級品）に見える。裏付きの裃、あるいは麻裃にあっても、古きを着し、常の身持ちも、その心得が肝要の由である。御番衆《ごばんしゅう》（8）も、御礼日《おれいび》（9）などには、麻の対裃《ついかみしも》にて、そのほかの御番の日には、古衣服・木綿袴にても着し、常々その身持ちに心掛けるよう、時々諭すべきの旨仰せられた。ただし厳しく仰せ渡されたものではない、いつとなく物語り申すようにと仰せ渡されたものである。

（7）**節倹の号令**　徳川禁令考二一三三（前半）・三七六三（後半）。

（8）**御番衆**　江戸城の警備など交替勤務の武士、出勤日が御番の日。

（9）**御礼日**　江戸城における年中行事のうち、朔（ついたち）・望（十五日）・

一、御台様《みだいさま》(10)の上の御服(11)は一表《ひとおもて》に付き、銀四百目(12)より高直《こうじき》（高値）に製してはいけない。それより下は品によりなお下《げ》直《じき》（安値）に製して差し上げることとせよ。

一、御本丸女中への小袖は一表に付き、銀三百目より高直に製してはいけない。その以下は品により下直に製することとせよ。

右の通り京都・江戸呉服師の者どもに、堅く申し付けたので、御召物ならびに下々の衣類等に至る迄、軽くせよと仰せ付けられたものと心得て、申し達せられたい、以上。

この号令は倹約とも節倹とも言わず、諸事簡略と申したようです。この時より麻の対の裃して、登城することになりまして、かの錦の金ピカの裃は無くなって、芝居でばっかり見るように、なったのだと思います。

つらつら考えますと、かかる錦から麻へ一足飛びに移り変りましたも、ひっきょう明暦の大火で、所持の金ピカはたいがい焼きまして、新調するということは、なかなか容易でありませ

二十八日は月次（つきなみ）御礼と称して登城し拝謁する。

(10) **御台様**　将軍の妻

(11) **上の御服**　表衣と同義か、上に着るころも、礼装時の上着。

(12) **銀四百目**　江戸前期の物価把握は難しいが、『日本史料集成』（一九五六、平凡社刊）を参照して、寛文頃の米価をごく大雑把に一石で一両、銀では五十匁とすれば、この着物は金で八両となる。同様にして次項の銀三百匁は六両に相当する。一石を百四十キログラムと見て、平成九年の米価十キログラム五千円で計算すれば、一両は七万円となる。着物は計算上は五十

道服（『古典参考資料図集』より）

んでしたろう。ところで元の通り立派な衣服には及ばない。木綿でも麻でも有り合わせの古物でも安物でも苦しくないと、表立っては命ぜぬが、差し支え無いと申し渡したのでしょう、男子の礼服は火災からこの号令でまったく一変しました。

腰巻羽織

サテまた、ここに羽織につきまして、申したいことがあります。羽織は道服《どうふく》と申しまして昔からある服です（13）。世上一般にこれを着まして、後々にはちょっとした礼服めきましたものになったのも、この火災後からと思います。一己の憶説かも知れぬが一通り述べましょう。

エエ、道服の道の字を仏道の義として、僧侶の服から移って

六〜四十二万円となるが、生活様式・価値観等のすべてが今日と異なるため、換算値の扱いには注意を要する。

（13）**羽織・道服**　羽織については、第六談でも詳述される。「事繁き世となりて、簡便に従い、裃・肩衣・羽織等の服を用ゆることとなりぬ。」

初期の羽織（歴世服飾考）

蝙蝠羽織
（骨董集）

来たと言うが、古来からの説ですが、私は道中着《どうちゅうぎ》から起った名目で、今日申す外套のことでしょうと思います。道行《みちゆき》（14）とただ今申すものは道服のその意と同じからん。音と訓との違いと存じます。

寛永ころ行なわれました蝙蝠《かわほり》羽織（15）は革羽織で、旅行または火事場などに、着るもののように見えます。本名は道服なれど、常服の上に抛《ほう》りかけるが如く着ますゆえ、かく申す名目を呼ぶのです。そんな例はいくらもあります。

羽織は、安斎の説には〈はふり〉と書きて、言葉には、はおりと言うなり（安斎随筆巻之八）。（中略）俗言に物を棄つるをほうると言うも、〈はふる〉を音便にしか言うにて、もと同言同意なりと言える、これなり。この服をもと道服と名付く、法衣を道服と言うとは異にして、行旅に用いて塵土を避くるゆえに名付け、また胴服と言うは、胴ばかり覆うとなれば、今いう袖なし羽織なるべし」（嬉遊笑覧）

（14）道行　もとは鷹匠が用いた合羽で男子用だったものが、忠臣蔵のお軽、勘平の道行（駆落ち）に、お軽が勘平の鷹匠合羽を着用したのに始まり、女性用と

さて、この羽織を道中着として考えますと、明暦の火災後、かの遊廓の吉原は、今の大門《おおもん》通り（現日本橋人形町付近）にあったのを、浅草田圃（現台東区千束四丁目）へうつしました。日本橋からは、一里半ばかりの田舎となりました。その時分は浅草橋から西は、人家なども立続いてはおりません。並木《なみき》町《まち》は本当の並木で、両側、桜だと申すことです。それから観音境内の馬道《うまみち》を通りまして、田町《たまち》は名の通り田を埋めて町屋にしたので、この時代にはまだ田の畦路《あぜみち》なのです。

そこで、吉原通いの少年《わこうど》は、浅草橋外から駄馬《だんま》（下等な馬）に騎《の》って通うのです。その時は白馬が流行って、白馬の駄賃は割増を取られたそうです。この馬に乗って通う先生達は、旅行の出立《いでた》ちで出かける。編笠を目深にかぶり、そこで道中着の羽織を着るでしょう。腰巻羽織ということも、馬に乗るに丸羽織では、背後《うしろ》がフワフワする、是非（善かれ悪しかれ）後腰《うしろこし》に巻き付けて、両の衿先《えりさき》を帯へ挿し挟む、それで馬に乗る。これすなわち腰巻羽織伊達衣裳などと、廓通いの小唄にあるんです。

このほど歌舞伎座で成田屋（九代目市川団十郎）と音羽屋（五

なった。［文］

（15）**蝙蝠羽織**　丈の短い羽織で、ようやく腰を覆う程度。一方袖丈が長く振袖であり、コウモリが羽をひろげたような形となる。［文］

代目尾上菊五郎）で、鞘当《さやあ》ての狂言（16）をしましたろう。あの不破《ふわ》と名古屋の出立ちが、あれが腰巻羽織です。なんでもこの時は馬に騎って行かないと、幅がきかないから、馬に騎っても騎らないでも、羽織を腰に巻きつけて、大門外《おおもんそと》まで馬で来たと言わんばかり、どいつもこいつも、腰巻羽織で通いましたに、違いはありません。神祇組《じんぎぐみ》・白柄組《しらつかぐみ》・鶺鴒組《せきれいぐみ》などという男伊達（任侠）の者どもが、廓内《かくない》に入り込みまして、互いに綺羅《きら》（見栄）を張りまして、負けず劣らず美服を着ますのみでない。その中に白柄組と申しますは、刀の柄が白糸で巻いてあるのです。

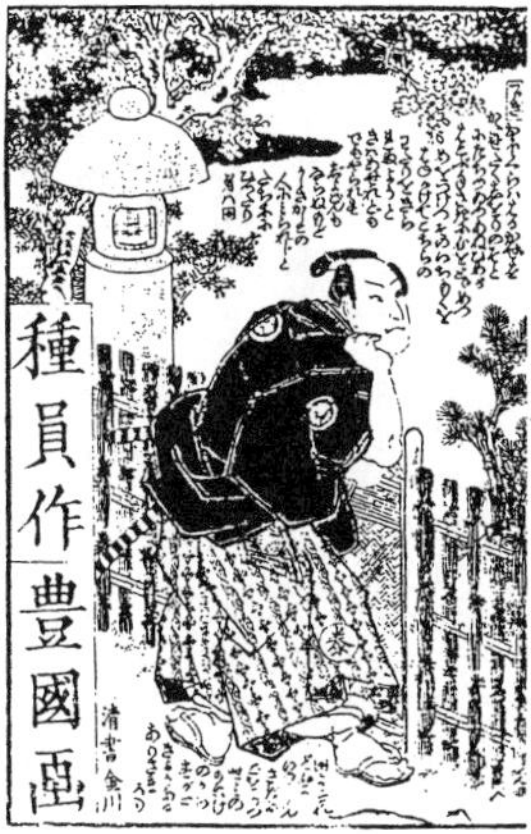

腰巻羽織（合巻薄紫宇治曙）

身なり風俗も一様に白いのです。白縮緬《しろちりめん》の綿入れ一枚で、その袖口を太く括りまして、裾には鉛三匁ずつ、そこここにくけ込み、

（16）**鞘当ての狂言**　「浮世柄比翼稲妻」の一場面。不破伴左衛門と名古屋山三が、往来で刀の鞘が打ち当ったことから争いとなる筋。現在では一幕物の「鞘当」としても上演される。

歩くたんびに褄《つま》のはねかえるようにするを、良しとしまして、長い刀は大小二本さして柄糸《つかいと》も下緒《さげお》も皆白糸で、首のほかは真っ白で、雪達磨ではない雪野郎が歩くのです。

ほかの組のことを書いたものはちょっと見えませんが、この白柄組から割り出しますと、いずれも人の目に立つような美麗を競いましたに、相違ありません。着物も羽織も思い思いに模様に好みがあって例の寛闊《かんかつ》出立ちをきめこんだのです。

そうしてこの者ども（17）は、幕府の旗本の何千何百石という禄高を持ってる者もあり。また幡随院《ばんずいいん》の長兵衛だの、夢の市郎兵衛だの、という町人にも男伊達があって、互いに威張りますところから毎々喧嘩をしまして、斬るとか殺すとか、江戸の町中も大手をふって歩いたに相違ありません。しかしこの者どもの羽織を着ますのは多く武士《さむらい》の方で、町人の方はあんまり羽織を着ませんようです。ある人の説でございますが、吉原通いに羽織を用い始めましたのは、武士の着物は紋付《もんつき》であるから、その紋所を隠さんがために外被《うわおおい》を着たのだと申しました。面白い説です。

（17）この者ども　幕府旗本三千石の水野十郎左衛門は旗本奴神祇組の首領であり、幡随院長兵衛・夢市郎兵衛は町奴の首領で旗本奴に対抗した。現今のやくざの抗争に近いものがあって、幡随院長兵衛は水野十郎左衛門に殺され（明暦三年）、夢市郎兵衛は死刑になり（承応閏六年）、水野十郎左衛門は幡随院の件を含む行

しかしながら、この羽織というものが、ちょっと体裁がよろしいかして、一時に流行りだしまして、果ては江戸中一様に羽織を着るということになりました。町人なんかは、裃《かみしも》は年始とか婚礼とか葬式とか、ごくごくの礼式でなければ着けぬことになり来たりましたと、考えられます。武家では近世、エエ、安政までは、君前《くんぜん》は羽織を着ることは出来ない。紋付小袖に袴ばかり、物頭《ものがしら》だとか用人《ようにん》だとかいう身分は肩衣《かたぎぬ》です。

　この羽織の丈《たけ》は長短《ながみじか》か、時々の流行がありますが、この時のは腰へ巻く程ですから、かなり長い方でしょう。

男の髪　左から、本多、銀杏、茶筅髷
（『日本結髪全史』より）

婦人が髪を結い出す

　エエ、さて前談に漏らしました、男の髪です。男は頭の真ん中、月代《さかいき》に剃りまして、前の方へ額まで剃りあけます。ところで両鬢《りょうびん》から後ろの髪を、月

状粗暴のかどで切腹（明暦三年）させられている。

代の上にて一つに束ねて結います。その髷《まげ》は戦国以来茶筅髷《ちゃせんまげ》が一般らしゅうござります。太平の世となりまして、その後ろへ向けおっ立て、束ねました髪を、前へ折り返しまして、前七分後三分の釣り合いに、根元を結いました紙縒《こよ》りで、上へ縛ります。これを銀杏《いちょう》と申します。折り曲げましたところが、銀杏の葉に似ているより唱え出しまして、その葉の形の方をイチと申し、先の長い方をハケと申します。この銀杏が遂に一般男子の髪風となりまして、茶筅は明暦後のものには多く見えません。

又本多《ほんだ》と申す髷もあります。岡崎本多の藩中から起こりました髪風です。これも寛永頃からです。この結いぶりは、銀杏の一《いち》を引かずに、すぐ折り曲げるのです。その曲がり目が丸くなりますので、後世は丸髷《まるまげ》とのみ申します。私藩の仙台では男女《なんにょ》入れ違いまして、女の丸髷をホンダと唱えました。すべて斬髪《ざんぱつ》前（18）の男の髪と申しますと、この銀杏と丸髷の二通りでありました。

そこで、婦人の髪のこともちょっと述べたい。前にも申す通り、女の頭は上下一般に下げ髪で、髷を結うということは、遊

（18）**斬髪前**　明治維新にともなう散髪、脱刀令が明治四年（一八七一）に発せられた、それ以前の時代。

女どものわざであった。しかるに、この明暦以後から、さまざまな結いようが起って、世の女みんな髷を頭へ載っける風になった(19)。これにつきまして、私の例の新説をもう一つ述べたい。

エエ、そこで新説として述べますは、女の髪は貴賤共に下げ髪であった。すると明暦の火事に、女子供は慌てふためきまして、屋財家財《やざいかざい》を片付ける。また群衆を分けて逃げると申すに、頭の髪がブラブラとして、大変に邪魔になる。それゆえにてんでん勝手に、結んだに違いない。そうして江戸中が野原同様になったのですから、五日《ごんち》や十日《とおか》では片が付かない。そこで三月《みつき》も半年もまごまごしている。その間下げ髪をブラブラ下げては、おられないわけですから、とうとう髪を結ぶという一つの習慣を生じたものと思われます。

エエト、前の兵庫髷《ひょうごまげ》は遊女の頭です。また島田というも、遊女の髪から起った髷です。東海道の島田宿の飯盛女郎の髪の風が、諸方へ伝わりましたのです。また今日丸髷と申す髷は、勝《かつ》山《やま》と申した髷の一変したのです。勝山とは前に申した湯女《ゆな》で、

(19) 髪を上げる　第一談27頁の注参照

勝山髷（左）と島田髷（右）
（近世女風俗考）

湯女が禁ぜられましてから、吉原のオイラン（遊女）になりました。この女の好みで結った髷の風が、世に伝わりまして、丸髷となりましたです。その時代はどちらも、明暦ころです。女の髪を結いますことは、遊女に限ることであったが、火災の変動から、女は髷を頭へ付けることとなったんでしょう。私の考えですが、羽織も髷も名説でしょう。まだ誰もこの事は言わないようです。いかがです。

さて、こう女が髷を結うとなると、櫛《くし》も笄《こうがい》も簪《かんざし》もいるんです。エエ、しかし頭の飾りのことは別に申しましょう。こんど（今回）は衣服の方が主ですから。

(20) **鉢木帯**
「独言に、婦女の帯は金襴を美麗の限りとし、黒地に梅さくら松をところどころに織り付けて珍重しけり」（近世女風俗考）
(21) **女者もの**　妻者もの、妻をいう。
(22) **カルタ結**
「かるた結び、東武は元禄

後結びと抱え帯

そこで衣服の移り変りは、男の事は裃と羽織と二カ条申しましたが、女の方は小袖《こそで》の袖が大きくなることと、帯の幅が広くなることと、その結びようの数カ条です。

さて帯の幅の事は、前に申す錦緞子《にしきどんす》などはみんな支那から持ち渡ります。棒へ巻いて来ますから巻物と唱えます。その巻物類の四つ割を二つ折りで締めると申しましたが、この節に至りますと二つ割りにしまして、やっぱり二つ折りで締めますから、幅六寸で丁度寛永から見ますと、倍になりました。また羽二重《はぶたえ》などの絹物は、幅のまま二つ折りで締めることで、これも倍です。そうして帯にはさまざまな縫模様《ぬいもよう》を致しまして、梅桜の間に松の落葉をあしらいましたを、鉢木帯《はちのきおび》（20）と唱えまして、たいそう流行ったこともあったそうです。中《ちゅう》以下の者は染模様《そめもよう》を用いたようです。この縫模様の女帯《おんなおび》は、今も能の狂言で女者《めじゃ》もの（21）が締めます。

そこで帯を結ぶことは、前に申したとおり。グルグルと巻いてその端を、巻いた間に挟みこみますので、男子は袴《はかま》を着けま

始め頃廃れ、京師は延宝天和に廃す」（近世女風俗考）

（23）吉弥結　「延宝の末頃、上村吉弥といえる歌舞伎者、幅広く尺長なる帯を唐犬の耳たれたる如く結い、且つ其の角（すみ）に船の鎮（しず）を入れしを結い始めしより、其の頃其の風姿よしとて都鄙ともに専ら流行せしと古書に見えたり」（近世女風俗考）

（24）洋犬（かめ）　西洋渡来の犬。英語come（来い）の誤解。［言］「父が御維新後、海軍所から貰って来たカメ犬が大きくなって、強いんでした」（『幕末明治女百話』岩波文庫）

すに、結び瘤が無くてたいそう都合が良いのです。後々まで武士は石畳みと申して、帯の一端を二つ三つ折り重ねまして、その余りをまた平らにその上に巻きます。芝居の武士《さむらい》はやりましょう。決して貝の口というような結び方はしません。

女も男同様に前で挟帯《はさみおび》にしますし。あるいは突込帯《つっこみおび》などと、とっ先を突っ込み挟みました。これも明暦火災に、解け易いに懲りまして両端を以て結ぶようになったらしゅうございます。

ところが追い追い若い女中が後結《うしろむすび》にする風になって、カルタ結《むすび》(22)などさまざまな結び方が初まった。延宝になりまして、吉弥結《きちやむすび》(23)と唱える結び方が、一般に行なわれました。この吉弥と申しますは上村吉弥という歌舞伎役者で、女形《おんながた》でありま す。幅の広い丈の長い帯を後ろで結び、その結んだ両端が左右

石畳（合巻鬼児島名誉仇討）

貝の口（上）と挟帯（下）
（『歌舞伎　衣裳と扮装』より）

(25) 万治ころの小唄　「松の葉」（元禄十六年印本）巻之三に、「門はしらといへる唱歌に『だんだふれふれ六尺袖をサのほんへ云々』とあるは万治より以前の唱歌なるべし」（近世女風俗考）

(26) 六尺袖　「六尺袖というは、奇跡考（書名）に一尺五寸の振袖なり、一尺五寸四ツ合わせて六尺なりといい、『瓦礫雑考』には乗物舁（かごかき）六尺という者の袖に似たるより号して六しゃくそでともいう」（近世女風俗考）

(27) 振袖　振袖の長短について、「近世女風俗考」では六尺袖に引続き次の記

へ出て、その端に鉛の錘《おもり》を入れます。それゆえ結んだ両端が洋《か》犬《め》(24)の耳のように双方へ垂れたと申すことです。

エエ、万治ころの小唄(25)にエエ、「たんだふれふれ六尺《ろくしゃく》袖《そで》(26)」ということがあります。これは片袖のたけ六尺ではありません。両袖でしかもそれを二つに折り返しました総丈《そうたけ》ですから、片袖の丈は一尺五寸ずつなのです。これを振袖(27)として、長いように言いますから、それ以前の袖丈は、一尺ばかりと見えます。またソデソギ(28)と申すも、この前後から起ったものらしゅうございます。これは袂《たもと》の所を丸くソギ取りましたように縫い縮めましたのです。袖の形が半月状になるのです。これは最初は子供の着物らしゅうございます。すべてこの時代から袖口がズイと、大きくなりました。

さてこの時代に衣服の一つの変革が起ります。それは何だと申しますと、幕府から反物《たんもの》の丈《じょう》を定められたのです。それは寛文五年(一六六五)です(29)。絹布《けんぷ》・綿布《めんぷ》・麻布《あさぬの》ともに二丈六尺を以て一段《いったん》(反)(30)と定められたのです。この一段で一枚の着物を拵《こしら》える事になったのです。

述あり。
「独言に曰く『すべて男女の衣服、昔は極めて質朴なりき。男子も女子も十四五歳までに長き袖をきるに、昔は鯨尺の一尺七八寸を極とせしに、貞享の頃より二尺ばかりになりけるより、ようやくますます長くなりて、近頃は二尺四五寸になりぬと見ゆ、云々』とあり、近頃とあるは正徳享保をいえる成るべし。また身持談義(享保廿年印本、江島茂知作)『年の程は十五くらい、今ぞ盛りの桜色絹かづき(中略)水鹿子の下着、中は紫の織紋、上には鹿子入りの当世染めの小袖、二尺五寸の大振袖、云々』とあり、独言の説と合考すべ

ソデソギ（近世女風俗考）　六尺袖（世諺問答）　吉弥結（姿画百人一首）　カルタ結（画様集）

また着物を着ますに、女は前にも申す通り、着丈を三四寸も長く拵え、帯の下の所で端折《はしょ》ります。それゆえに細紐《ほそひも》を以て腰をクルリと回して括《くく》し上げます。しかるに延宝のころより、紫《むらさき》縮緬《ちりめん》などのしごきなど用いまして。そうして合《あい》褄《づま》の所を、ズイと高く引き上げし。母親容気（宝暦二年印本）二之巻、老女己れが若かりし時の事をいえる条に『我若かりし時、世上古風にして江戸鹿子の肩裾模様、一尺八寸の振袖に紫うらを随分の風流とせしに、今時三尺にちかき大振袖、緋縮緬の裏縫の時花（はやり）世界、云々』とあり、我若かりし時といえるは延宝の末頃なるべし。是等の諸書によりて振袖の長短弁え知るべし。宝暦二年三尺に近きとあれば、二尺八九寸あるべし。今の世に競べては是すら長きにあらずというべし」

(28) **ソデソギ**　そぎ袖とも。　和服の袖形の一種で、江戸時代初期に流行した形。

抱え帯
（近世女風俗考）

まして、その引き上げた所が、前へ垂れるようにはしょります。その帯を抱《かか》え帯と申します。なるほど、たくし上げて、その下を括りますから、手で抱えているような形《なり》です。

花見小袖

そこでエエ、小袖の模様には、縫箔《ぬいはく》(31)・摺箔《すりはく》(32)など多く用い来たりましたが、寛文ころより、金糸縫《きんしぬい》(33)と申すものが行なわれます。また染模様もさまざまの画様《えよう》があります。そうして鹿の子《かのこ》しぼり(34)が大層流行です。寛文六年に「新撰雛形」と申します、模様を画《えが》きました本があります。版木（版本）二冊で図が二百通りあります。織模様・縫模様・染模様いずれも大柄な総模様で、今日で見ますと、娼妓の仕掛《しかけ》（う

刃物で削ぎ取ったような形からの名。

(29) **寛文五年の定め** 『大言海』に「寛文五年ニ、二丈六尺ト定メラル」とあるが、現在確認できるのは寛文四年七月の左の御触れである。

「一、絹紬の儀、一端（反）に付いて大工のかねにてたけ三丈四尺、はば一尺四寸たるべき事、

一、布木綿の儀、一端に付いて大工のかねにてたけ三丈四尺、はば一尺三寸たるべき事、

右の通り、此の以前より相定めらるる処、近年みだりにこれ有る間、向後書面の寸尺より不足に織り出すともがらこれ有るに於いて

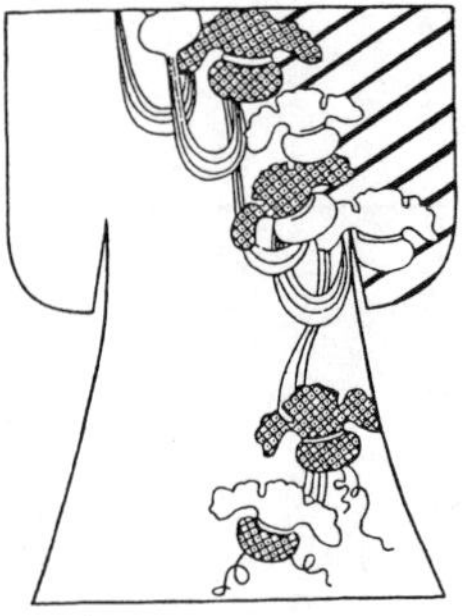

新撰雛形
（『服装大百科事典』より）

ちかけ）のようで、並々の人の着られるような模様ではありません。そのさまを一々口で言うことは出来ません。と申して一々その本をご覧に入れる訳にもまいりませんが、ごく好いものがあります。江戸節の浄瑠璃に「小袖模様」と申す一段は、この雛形の模様を見るようですから一つ語ってお聞かせ申しましょう。三味線がありますと、なかなか面白いが、素《す》語《がた》りではねっからはえません。

まず武蔵野に一むら薄《すすき》、穂《ほ》に出て乱れあいたる小袖もあり。芳野初瀬の花紅葉いまを盛りと見ゆるもあり。月の名所は多けれど、色はさまざま信濃なる姨捨山《おばすてやま》や更科《さらしな》の、さやけき月はこれぞこの木賊《とくさ》を分けてさもしげに、研《みが》かれ出るその原や、三河に架けし八つ橋の、沢辺に匂う杜若《かきつばた》、時を迎えて咲きにけり。花は昔を忘れずして、同じ色香に咲き初《そ》

は、曲事（くせごと）たるべく、来る巳歳（寛文五年）秋中よりこれを改め、不足の分見出し次第これを取るべき間、諸国在々所々において其の趣を存ずべきもの也」（御触書寛保集成九二二）

また「嬉遊笑覧」には左の記述あり。

「絹布丈尺、『続日本紀』和銅七年二月庚寅の制、商布二丈六尺を以て段（反）と為す。衣服にも昔は曲尺を用ゆ。寛文四年甲辰七月十二日、絹紬の事大工曲尺にて長（たけ）三丈四尺巾一尺四寸、木綿の事大工曲尺にて長三丈四尺巾一尺三寸。右の通り跡々より御定めの処、近年猥りにこれ有る間、

めり、桔梗刈萱《ききようかるがや》おみなえし、八重山吹と薄むらさきの藤の花、色を争う花尽し、富士と三保とを染め分けて、裾野は田子の浦なれや。東《あずま》からげ（35）の塩衣《しおごろも》（36）。きつれて（37）汐《しお》を汲む体か。まった柳に雪ふりて、枝もたわわにしうわりと、積れる蔭に白鷺の、ものわびしげにつっくりと、止まりたる体《てい》もあり。肩には雲に竜《りよう》を染め、裾には虎の嘯《うそぶ》きて、吼《たけ》って竜を睨《にら》み付《つ》け、互いに争う模様もあり。一木《ひとき》の松のその下に、琴を色よく染めなして、峯の松風さっと吹き、調《しら》ぶる琴の、さもありありと見ゆるもあり。とや出（38）の鷲が餌にかつえ、深山《みやま》を捜す所に、一むら竹のその下に、あさる兎を見つけつつ、真一文字に落すを見て、兎は谷へ逃げんとする、追付け追詰《おっつ》め、ひっかい抓《つか》んで巌《いわお》に上り、引き裂き食《くら》う景色は、さもすさまじく染めしもあり。小簾《こす》の隙《ひま》よりから猫（39）の、綱を引きぬる女三《にょさん》の宮の、姿を見そめ、恋慕の闇に迷う柏木の、衣紋なつかしの鞠の場《にわ》（40）、柳桜に松楓《かえで》、梅に鶯紅葉に鹿、竹に雀や花に蝶、ませ（41）の八重菊つた葛《かつら》、桐に鳳凰《ほうおう》獅子に牡

向後この寸尺より外不足に織り出に於いては、曲事たるべく云々。是れを流布の年代記には寛文五年絹木綿の丈を二丈六尺に定むとあるは誤りなり」

（30）**一段**　現在は「一反」と書く。

（31）**縫箔**　繡（刺繡）と箔（摺箔）を併用して裂地に模様をあらわしたものをいう。室町時代から桃山時代にかけて小袖の模様として用いられた。立体感があり、しかも重厚さを持つ刺繡に、金銀の豪華な摺箔を合わせて絢爛たる縫箔の小袖衣装をつくりあげた。［文］

（32）**摺箔**　布の上に金・銀箔を姫糊などの接着剤で

丹、扇流し（42）砂流し、虫尽し草尽し、小紋唐草散《ちら》し紋、浅葱《あさぎ》（43）鹿の子に、ひわ（44）鹿の子、紫鹿の子を見る人の、心はけしの紅《べに》鹿の子、朽葉《くちば》（45）鹿の子も候と、弁《べん》舌《ぜつ》たらうたり言葉（46）に花を咲かせつつ、半時ばかり語りしは、実《げ》におもしろうぞ聞えける。

さて、明暦火災の後十二年目に、江戸はまた大火事です。牛込と駒込と、も一つ麹町と三カ所から出火しまして、武家屋敷が二千四百軒で、町屋は百三十二カ町とあります。これも、江戸半分を焼きました。これは寛文八年（一六六八）の二月です。

そこで、また倹約の令がありまして、いたく奢りを禁じました。番士《ばんし》の輩《ともがら》は、礼日《れいび》の外は紬《つむぎ》の小袖に木綿の袴を穿け、諸組の同心等《どうしんら》は当番に木綿着物で羽織は着るなということです。翌三月御目付より更に倹約の書面を触れられました（47）。その文はこうです。

このたびの火事に関連して、倹約すべしとの仰せが厳しく発せられた。すなわち旗本中も衣服は絹紬《きぬつむぎ》（48）にて差しつかえない。御老中方も自粛しておられて、今後は家来が

付着させること、およびこの技法によって文様があらわされたものをいう。この技法は室町時代の辻ヶ花に見られ、桃山時代にはすぐれたものが多い。［文］

（33）**金糸縫**　金糸を用いた刺繡。江戸前期には小袖や帯の金糸縫・銀糸縫が盛んであったが、天和三年（一六八三）奢侈禁止令の対象となる。（原色染織大辞典）

（34）**鹿の子しぼり**　絞り染めの技法で、白くて小さな四角の連接模様が鹿の斑（まだら）に見えるもの。62頁の図参照。

（35）**東からげ**　着物の裾をからげて帯にはさむこと。

（36）**塩衣**　汐汲みの衣服。

紗綾《さや》(49)・縮緬《ちりめん》(50)・毛織の類を着用することを禁止する。現に使用中の羽二重《はぶたえ》・平島《ひらしま》(51)は着ふるし次第、絹紬に更新するものとし、それ以外の着用を禁止する由の申し付けと承った。おのおの方の召し使いの者は、万事遠慮なしに軽くすること。皆々その心得をもって、右記の衣類所持の者は、当分目立たないように着用し、以後同じ物を拵えることは、申すまでもなく禁止とする。

ここに毛織とありますは、羅紗《らしゃ》(52)・天鵞絨《ビロード》(53)の類で、平島とは縞縮緬《しまちりめん》のことならんか。

さて、この四代将軍の治世は、三十年ばかり、前にも申す通り、会津中将や、松平伊豆守が、政治を執っていましたが、松平は寛文二年に亡くなります。世に文銭《ぶんせん》と申します寛永通宝、いまはゴッタに十文銭《じゅうもんせん》に使っておりますが、あれは京都の銅《かね》の大仏を毀《こわ》して鋳《い》たのです。この文銭を鋳たは世に伊豆守の知恵だと申し伝えますが、年月が齟齬いたします。それは文銭を鋳ましたは、寛文九年ですから、伊豆守の死後八年になります。エエ、存生中《ぞんじょうちゅう》の仕法《しほう》が、後年《ごねん》に行なわれましたのか、どうです

(37) **きつれて**　着連なって。
(38) **とや出**　鳥屋出。鷹や鷲の羽が生えかわって巣の外に出ること。
(39) **から猫**　唐猫、猫のこと。もともと外来のものなので「唐」をつけた。
(40) **鞠の場**　「小簾の隙より～鞠の場」は、源氏物語、若菜の巻の情景である。
(41) **ませ**　籬、まがき。
(42) **扇流し**　扇の、水に流れるさまを模様としたもの。
(43) **浅葱（色）**　若い葱に因む色名であるが、その染色は実際の葱より青味がちの浅い緑青色である。色票番号166。
(44) **ひわ（色）**　鶸どりの

か。知恵《ちえ》者《しゃ》という所から、世の人がそう思っているのでしょうが、矢張り会津の正之朝臣《まさゆきあそん》です。

　そこで金銀の通用も、一通り申しておきたい。矢張り風俗の盛衰に関係しますから。黄金の大判小判は、豊太閤《ほうたいこう》の時分に初めて拵えたもので、徳川になりましても、矢張り同じ法に作ります。金の目方四匁四《しもんめし》分《ふん》(54)を一両といたします。小判一枚です。大判はその十倍です。また一両四分の一の分判《ぶはん》と申すものがあります。大判小判は楕円でありますが、分判は角《かく》で、少し細長いのです。これを今日の金貨に比べますと、分判と五円金貨と同じ目方です。その割で勘定しますと、小判一枚はこの度金貨本位の新金二十円に当ります。また銀は六十匁をこの小判一両に当てましたのです。この金銀貨の変革も衣食住に伴いますのであります。

　話がまた脇へまいりました。今申す伊豆守も早く亡くなりまして、会津中将も寛文九年に隠居しまして、十二年に卒去《そっきょ》されます。そこで酒井《さかい》雅楽頭《うたのかみ》は当代の始めより、大老でありましたが、補佐の正之朝臣には頭が上がらない。この酒井は下馬将軍

羽根のような、黄みのあざやかな黄緑。色票番号118。

(45) 朽葉(色)　朽ちた落葉に似た、黄みのにぶい黄赤。色票番号73。

(46) 弁舌たらうたり言葉　とうとうとしゃべりまくる様子をいうか。「たらふ」は足る、不足なく満つる。「たりこと」は騒がしい、騒々しいこと。

(47) 寛文八年三月の御触　徳川禁令考二一三七。

(48) 絹紬　紬と同じ。紬糸で織った絹織物。紬糸は、真綿を引き伸ばして細く糸にしたもの。[文]

(49) 紗綾　地を平織りとし、文様を四枚綾で織った絹織物。「さあや」の略。京紗綾といわれたものが、

の称がありまして、なかなか権勢を振るいました。しかしそれは正之朝臣の隠居してからのことです。仙台騒動の時に、この屋敷で対決となりまして、原田甲斐《はらだかい》と伊達安芸《だてあき》の刃傷《にんじょう》があったのです。この下馬将軍は、なかなか偉い人物のわりには、随分驕奢《きょうしゃ》もしたのであります。下馬将軍と申しますは、酒井の上屋敷は江戸本丸の大手前で、今の内務省の所（55）です。この大手前に下馬という制札《せいさつ》が建ってあります。それゆえに大手前を下馬と唱えます。酒井の権勢は将軍家をも凌《しの》ぐ振舞いでありましたもんですから、下馬将軍の渾名《あだな》があるんです。この渾名があるくらいですから、驕奢でありましたことも分かります。

上《かみ》に好むものある時

花見の小袖幕
（繡綵、元禄花見踊、部分、三井記念美術館蔵）

文様に雷文を用いたため、この雷文を紗綾形とよぶようになった。[文]

（50）**縮緬**　絹織物の一種。縦糸には撚りのない糸、緯糸に強い撚りをかけた糸をもって織り、煮沸して縮ませたもの。[文]

（51）**平島**　不詳。五行あとに「平島とは縞縮緬のことならんか」とある。

（52）**羅紗**　厚地の紡毛織物の一種。太めの紡毛糸を平織り・綾織り・繻子織りなどに織り、縮絨（フェルト）し起毛したもの。語源はポルトガル語。[文]

（53）**天鵞絨**　添毛織物（パイル織物）の一種。表面を毛房や、タオルに見られる輪穴（わな）が覆った

は、下《しも》これより甚だしと申します通り、会津が隠居してから、後は十二カ年、この酒井が権威を振り回したですから、下々の驕りは思いやられます。前申した寛文雛形や江戸節浄瑠璃にある衣類は、盛んに世の中に行なわれていたに、間違いありません。その証拠は、どなたもご存じの「紫《むらさき》の一本《ひともと》」(56)にあります。私の蔵書は当時の原本といっても、よろしい本です。

上野の花見の一段を読みましょう。

東叡山《とうえいざん》黒門より仁王門までの並木の桜の下には花見《はなみ》衆《しゅ》なし。東照宮のお宮の脇うしろ、松山のうち、清水堂《きよみずどう》のうしろ、幕はしらかして(57)見る人多し。幕多き時は三百余りあり。少なき時は二百余りあり。この外に連れ立ちたる女房の上着の小袖、男の羽織を、弁当からげたる(58)細引に通して、桜の木に結い付けて、仮の幕にし、毛氈《もうせん》・花莚《はなむしろ》しきて酒のむなり。鳴物《なりもの》は御法度《ごはっと》(59)にてなさらず、小歌・浄瑠璃・踊り・仕舞《しまい》は咎むることなし。本町《ほんちょう》・通町《とおりちょう》を始め、有徳《うとく》なるもさもなきも、町方にて女房・娘正月の小袖と言うは、仕立てず。花見小袖とてなるほど手をこめ結

織物で、手触りは柔らかく、弾力があり快い。語源はポルトガル語。天鵞は白鳥、光沢が白鳥の翼に似ているから名とした。［文］［言］

(54) **四匁四分** 一六・五グラム、文中の新金二十円金貨は、重さが一六・六七グラムだから小判の重さと大差ない。重さだけでいえば小判一枚は今日の百円硬貨（白銅貨、四・八グラム）三枚半に相当する。

(55) **今の内務省** 現千代田区大手町一丁目、現・三菱東京UFJ銀行大手町ビル付近。

(56) **「紫の一本」** 江戸名所記。著者は戸田茂睡（寛永六年〜宝永三年）。

(57) **幕はしらかし** 幕は

構にだてなる物好きに、好みたるを着て出るなり、花よりなお見事なり。花の頃は空くもりてややもすれば昼すぎより雨ふる。しかれども傘をもささず。よき小袖をすきと(60)濡らして帰るを、遊山《ゆさん》にもまた手柄にもするなり。

この「紫の一本」と申しますは、戸田茂睡《とだもすい》という歌人の筆記です。天和中《てんなじゅう》の著述ではありますが、江戸の風俗は延宝中《えんぽうじゅう》の様を書いたものです。ここに「なるほど手をこめ結構にだてなる」と、あります品柄は、金紗織《きんしゃおり》・金糸縫《きんしぬい》また総鹿の子《そうかのこ》と申しまして、後に申します直鹿の子《ひったかのこ》(61)のことで、こういうような結構な物好きを町人どもみんな着用したのであります。

また舟遊びも同書に書いてあります。舟遊びは明暦の大火で一旦止みまして、寛文中程からまた盛んになったのです。少しばかり読みます。

東国丸《とうごくまる》は浅草橋の舟なり。これ大船《おおふね》の始めなり。山市丸《やまいちまる》は日本橋の舟なり。屋《や》形《かた》八間《やま》に仕切るに依って、山市丸と名付けたり。熊一丸は江戸橋の舟なり。屋形を九間《くま》に仕切りしゆえに、熊一丸と言う。神田一丸は神田にて一番の大船

りめぐらし。「はしらかす」は走るようにする。

(58) **からげたる** 「絡げる」はくくる、しばるの意。

(59) **鳴物は御法度** 将軍家御廟所につき、楽器の持込みは禁止。

(60) **すきと** すっきりと、さっぱりと。

(61) **直鹿の子** 匹田の字もあてる。一面に(直に)鹿の子絞りにしたもの。[言]鹿の子絞りのうちで、やや大型の四角形に絞ったものを区別していう。[文]

(62) **浅草川** 隅田川の別称。第一談の注(42)参照。

(63) **桂の棹・蘭のかじ** 桂楫と同義か。月の世界にあるという桂の木で作った

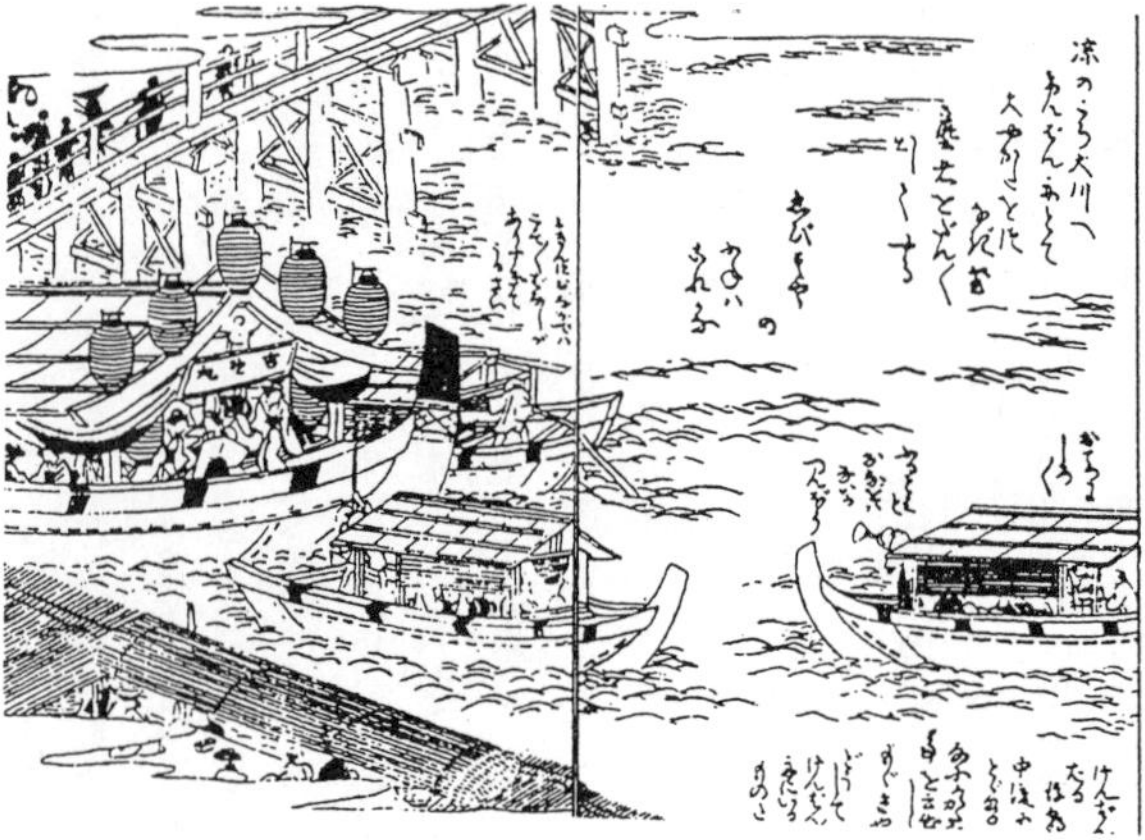

屋形船の舟遊び（長生見度記）

船の櫂を操って、月世界に住む絶世の美男子、桂男が月の船を漕ぐという。

(64) 紅むらさき　「守貞漫稿」では紅を「赤色を云う也」としているから、ここも「赤紫」の意ならば、赤みの紫色をあらわすか。ちなみに「江戸紫は青勝ち也、京紫は赤勝ちにて、すなはち葡萄と云ふ果実の熟色故にゑびいろと云ふなり」〔守〕

(65) うこん瑠璃　鬱金。色は鮮やかな黄色、瑠璃色は玉石の瑠璃の色で紫味の冴えた青色をいう。黄色みを含む瑠璃色ということか、詳細不明。

(66) こん桔梗　桔梗色を紺がからせた、紫みのふか

なり。云々

この船をかりて。浅草川(62)に押し出せば、風飄々《ひょうひょう》として衣《ころも》を吹き、舟揺々《ようよう》として軽くあがる。深川近く漕ぎ寄せたるに、熊一丸に紅紫《こうし》の幔幕《まんまく》をはしらかして、桂《かつら》の棹・蘭《らに》のかじ(63)とも言うべく、飾りたる船、いかりを下ろして、幕を高く巻き上げたるを、遥かに見入りたれば、年のよわい二、八ばかりの女十二人、同じように下には白きうすもの、雪の如くなるを着し、上には紅《べに》むらさき(64)・うこん瑠璃《るり》(65)・こん桔梗《ききょう》(66)・うす浅黄《あさぎ》(67)、そこさえ匂うとよみたりし、田子の浦はのふじ色(68)、なおゆかしき蘆垣《あしがき》の(69)、よし野の山の桜いろ(70)、桃色(71)・ひわだ(72)・鶯茶《うぐいすちゃ》(73)、おもいおもいの上着きて。

当世はやる伊勢おどり。云々

この文を見て。夏服の有様思いやられます。

い青紫。色票番号187。

(67)**うす浅黄**　浅黄うすきのことか、浅黄は赤みのうすい黄。色票番号85。

(68)**ふじ色**　藤の花のような浅い青みの紫で「若紫」ともいう。色票番号190。

(69)**蘆垣の**　吉野にかかる枕詞。

(70)**桜いろ**　桜の花の色に似て、ほんのり紅みを含んだ淡紅色。色票番号5。

(71)**桃色**　桃の花の色に似た淡い紅花染の色。色票番号2。

(72)**ひわだ**　檜皮色、檜の皮の色のような赤褐色。色票番号38。

(73)**鶯茶**　「鶯色」を基調とした褐色味のオリーブ色。色票番号109。

第三談　天和、貞享、元禄、宝永、正徳、三十五年（1）

町人・百姓の美服禁令

引き続きまして述べますは、元禄時代の風俗です。これは五代将軍常憲院殿（綱吉）の治世になります。この将軍は前代にお世嗣ぎないところで、弟御の館林宰相から飛び込んだので、すこぶる英邁なお方です。越後騒動（2）と申して、永年入り組んで裁判の付きませせぬ処置を、自身で判決しまして、越後高田二十五万石を没収しました。これで諸大名はじめ、老中・若年寄より諸役人、みんな畏服しました。えらい手際です。酒井（大老酒井忠清）も直ぐに免職、隠居させられました。これは天和元年（一六八一）のことです。寛文度にたびたび節倹の号令を下しましたが、いつも武家のみで、町《まち》人に向いましては、町奴《やっこ》と申して、例の男伊達の威張るのを厳禁しましたのと、梨子《なし》地《じ》（3）の金蒔絵、それに金ダミ（4）・切り金など諸道具に金気《きんけ》を用いることを禁じましただけで、衣服のことは、歌舞伎

（1）三十五年　天和年間（一六八一〜）から正徳年間（一七一一〜一六）

（2）越後騒動　越後高田藩主松平光長の後継者擁立をめぐって、藩内が二分したお家騒動。延宝七年（一六七九）幕府の大老酒井忠清がこれを裁いたが、敗れた派は酒井の収賄による不正な裁決だとして、騒動は納まらなかった。延宝八年綱吉が将軍に就き、巡見使の報告でこれを知り、みずから裁判をやり直して決着

役者に、舞台の装束といえども、羽二重・絹紬を染模様にして用いさせ、紫縮緬・縫模様などを禁じましたことぐらいで、市中一般の衣服に、制限は別して触れないようです。

ところがこの将軍は、華美の衣服は世の弊《ついえ》ということに、心が付いていましたから。この年五月東叡山《とうえいざん》へ参拝の途中で、浅草黒船町の商人に六太夫と申す者がございまして、その家族どもが将軍家の行列を拝見に出かけました。するとその者どもの衣服が、いかにも美麗であった。前代までは別段に禁制も無いから、六太夫の家内どもは例の花見小袖で、何心もなく、拝しましたのです。しかるに常憲公は、これに目が留まり、甚だしき驕奢の者なり、町人風情にあるまじき衣服なりとて、六太夫はお咎めをくいまして、居屋敷《いやしき》を取り上げられまして、江戸払いとなりました。

エエ、この事は、ウウ、一人を罪《つみ》しまして、万人を懲《こ》らすという一件で、市中一同驚き入りまして、美麗の着物で外出することは、一旦止みました。するうちに翌年（天和二年）十二月またまた大火（5）です。今度も駒込から出まして、本郷・下

をつけた。結果、高田藩の領地没収、藩主は他へお預け、騒動当事者の家老は切腹・流罪などのほか、前の裁決をした幕府老中等も処罰された。

（3）**梨子地**　蒔絵に、金粉・銀粉を撒いて、その斑点を梨子の肌の斑のように作ったもの。

（4）**金ダミ**　「たむ」は「彩」の字をあて、彩色すること。

（5）**天和二年十二月の大

谷・神田と焼きまして、日本橋辺まで、また一口は浅草に焼け込みまして、両国橋を焼き落とし本所・深川を焼き払いました。

ここにおきまして、この災害を潮に翌年（天和三年）節倹の令（6）がでました。まず金紗《きんしゃ》（7）と繡《ぬい》（8）と総鹿《そうか》の子《こ》（9）という反物は、製造する事ならぬと、呉服所へお申し渡しがありました。小袖の表地一反に付き、値段二百目（10）よりならぬと定められました。それから長崎へ、羅紗《らしゃ》（11）・羅《ら》背板《せいた》（12）・猩々緋《しょうじょうひ》（13）の三品のほかは、毛織の品を持ち来る事を停止《ちょうじ》されました。また諸大名から献上の品に、伊達染（14）・紋織（15）・緞子《どんす》・繻珍《しゅちん》の類を禁じまして、男子の着用すべき品柄に限ることにしました。また旗本の諸士《しょさむらい》の美服を戒めまして、粗服を平生用いることに申し渡しまして、中間《ちゅうげん》・小《こ》者《もの》の如きは布木綿に限り、頭巾でも帯でも衿《えり》でも袖口でも、絹《きぬ》気《け》を用いることを禁じました。

エエ、そう致しましてから、町人百姓にも、衣服の制度を定められました。絹紬・木綿・麻の内にて分限《ぶんげん》に応じ着用いたすべく、女は縫衣装・金紗小袖等は持ち合いも、着ることならず、

火　八百屋お七の火事

（6）**節倹の令**　徳川禁令考三七六五。

（7）**金紗**　経緯糸に練り絹糸を用い、緯糸に金糸や色糸を絵緯（文様を織り出すための別の緯糸）として織った絹織物。［文］

（8）**繡**　「ぬいとり」とも読む。二種の意味がある。①刺繡の別名。②刺繡のような外観をもつ織物の一種。絵緯とよばれる模様を織り出すために入れる別色の経糸を、織物の長さいっぱいではなく、模様の部分にだけ入れたもの。繡御召、繡縮緬など。［文］

縫紋もならぬ。下女・端下《はした》は布木綿で帯も同様となり、また町人百姓の両刀を禁じました。

寛文から延宝へかけまして前に述べました通り、随分と市中には立派な派手な衣服を着飾りましたを、この時に一旦停止《ちょうじ》とあい成り申しソロ（候）。

しかしながら、この倹約の号令も長持ちはしないのです。その謂《いわ》れといっぱ（言えば）、この五代将軍は世に犬公方《くぼう》と言われ、犬を殺した者を死罪とした程の気違いじみたお方ですから、最初の権幕《けんまく》はいつか何処へか消えまして、自分から驕《おご》りを始めました。例の柳沢（吉保）が取り入りまして、わずか二百俵の小身から、二十五万石の大名になりました。戦国で槍先で功名したならいざ知らず、天下太平の折に、かかる立身出世はただ事ではない。主君の御意に入ることを考え、お好みの穴へ穴へと、持ち込んだから、無二の忠臣と寵愛されましたに違いない。

この将軍は、たいへん学問が好きで、自身で論語・大学の講釈しまして、諸大名にも聴かせた事があります。新たに聖堂を建てまして、孔子を祀りました。今の湯島の教育博物館はこの

（9）**総鹿の子**　鹿の子絞りで、白斑が布地全面にあるもの。「守貞漫稿」（織染）に「京坂にてひった鹿子と云うは、江戸に云う惣鹿子なるべし、全体に絞りて余所なきを云うなるべし」［江］

（10）**値段二百目**　銀二百匁。貞享元年（一六八四）の金銀比価（大坂）は銀六十匁が金一両（一両は四歩）なので、江戸風にいえば三両一歩ト五匁となる。

（11）**羅紗**　第一談の注（52）参照。

（12）**羅背板**　薄手の羅紗。語源はポルトガル語。

（13）**猩々緋**　ここでは猩々緋色の羅紗のこと。猩々緋の色は黄みの冴えた

聖堂（現存）です。これは元禄四年（一六九一）の事です。

ウウ、戦国時代は、文学のことは僧侶の手にありましたから、学者という者は、頭を丸くしまして、法印《ほういん》・法眼《ほうげん》だのと僧官でした。この将軍は不条理なることに心付かれまして、僧侶の取扱いを止めまして、並の士分としました。しかし人に物を呉れることが好きで、何のかのといって賞賜の物がたくさん要りまして、それゆえに幕府の財政が甚だ困難になりました。すると柳沢が金銀吹替《ふきかえ》と申すことを申し立てて、金の中へ混ぜ物をしまして、形も目方も同じだが、金《きん》の性《しょう》をたいへん落しまして、数を増やしました。柳沢はこういう善くない計らいをしまして、君の御機嫌を伺いました。どうも国の忠臣と言われない。

元禄風俗、水木結び

そこで政治上のことは、この限りとしまして、この時代の衣服のことを申しましょう。ウウあの、エエそれ、前談にソギ袖は、少女の服に見えますと申しましたが、この天和の改革から、男女老若おしなべて、袂《たもと》を丸く縮めて着たかと思われます。し

赤色で、想像上の動物、猩々の血がもっとも赤いとされたことから名付けられた。色票番号26。

(14) **伊達染**　派手に染めたもの。又その小袖など。「紫の一本」に「だて染め小袖、はば広帯」〔言〕

(15) **紋織**　組織によって模様をあらわしたものの総称。綸子・繻珍・唐錦・金襴・糸錦など。〔文〕

振袖
（御身拭物語）

かしそれは四・五年に過ぎませんで、またまたもとの如く大袖になりまして、寛文・延宝は、女の小袖一尺五寸から、七・八寸を振袖《ふりそで》と唱えましたを、改革で一旦は押さえられたその返しは、振袖が二尺となりました。男の裃《かみしも》も肩衣《かたぎぬ》の幅が八寸くらいありましたのが、次第に広くなって一尺となりました。袴《はかま》も弥左衛門だち（16）と申して、襞《ひだ》を多く取りまして、両手を入れまして左右へ拡げて座《すわ》るようになりました。

　ここに元禄時代に、女の風俗が一変いたしましたは、上方役者の水木辰之助より取り付かれました伝染病です。

　この辰之助は女形《おんながた》で、元禄四年京都より江戸に下りまして、十カ年ばかり江戸で狂言をしました。ある書の評（17）

御色《おいろ》とびきりとは言われず、雪の中の梅なり、諸芸無双《しょげいむそう》。

（16）**弥左衛門だち**　袴の仕立て方の一種。「はかまの仕立に弥左衛門だちといふあり、是れ御仕立同心池水弥左衛門なり、憲廟御在世に召し出されたり」（嬉遊笑覧）

（17）**ある書の評**　役者評判記で元禄六年の印本「雨

ことに傾城ごと、御姫様、また賤《しず》の女《め》にして賤《いや》しきわざ、若衆がた、下手《げて》ふらせても（18）、残る所なし。しかし芸《げい》りこう過ぎて見ゆ。

とあるので、その芸の上手でありましたが分かります。また、ある書に（19）

うしろ帯の結びの手先を、二尺あまり下げしは、水木辰之助が背高《せいたか》きをくろめるため、舞台に仕出しけるを、チャト見てドット町の風となれり。人の風姿《なりふり》も時々変化するものかな。

とあるので、この水木のした、なりふりの一般に流行しまして、貴賤とも衣服のとりなりに、一つの変化を与えましたのです。

水木結
（世間用心記）

前に申す振袖が二尺になりましたのも、この変化ですし、また後結びのダラリ結びとなります

夜三盃機嫌」。『歌舞伎年表』（昭和三十一年、岩波書店）登載文では「諸芸三国無双」「若衆形にてふらせても」となっている。

（18）**下手ふらせても云々**　下手は下手物の略、風変わりな役をさせても余すところなく仕上げる。

（19）**またある書に**　「近世女風俗考」からの引用である。引用文は原典の影印では「ちやと見てとって町の風とはなれり。人の風姿もときどきに変化（かわる）ものかな」と読める。

もこの変化です。

さて、帯の長くなりまして（20）、一丈二尺という品を用いますもこの時で、この辰之助の帯の風《ふう》を水木結《みずきむすび》と唱えました。今日、西京大阪では娘でも下女でも、新造《しんぞう》（嫁入り前）の時は、この水木結の余波《なごり》を伝えております。ダラリ帯ともダラリ結《むすび》とも申します。舞子の帯も同じことですが、結びましたところへ、かい物を致しまして、結び目が庇《ひさし》のようになっております。その形から文庫結《ぶんこむすび》などとも唱えるそうです。

江戸でも元禄時代には、もっぱら流行したに相違ない。しかし後々《のちのち》は止まりまして、子供などがこの結びようをしますを、猫じゃらしと申します。しかし今日の帯が後《うしろ》へ長く垂れるようなのは、やはりこの水木辰之助の余風であります。

さて、また帯の幅もしたがって広くなりまして（21）、鯨《くじら》尺で八・九寸になりまして、紙心《かみしん》が綿心《わたしん》と替わりまして、その心《しん》の厚さも褥《しとね》の如しとありますから、幅ばかりではない、厚みも付きました。ある書（22）に

巻物類を二つ折り、絹類《きぬもの》は一幅を、そのままにて用い、後

（20）**帯の長さ**　帯の長さについての「近世女風俗考」の記述を掲げる。「女重宝記（貞享印本）一之巻に言う『絹一幅に大ちらしの染め帯、長さ八尺にして前結び、これ今の流行なり云々』。また胸算用（元禄五年印本）一之巻、花麗なる女の事を言える条に『昔わたりの本繻子一幅一丈二尺にして云々』ともあり。」

（21）**帯の幅**　帯の幅についての以下の記述は、「ある書」をも含め、「近世女風俗考」からの引用であって、同書にはこの後、次の要約が記されている。「予、

の結び目などをも、おびただしく大きく致さず候ては、かなわぬことに罷《まか》り成り候。

とありますので、この時代の帯の様子は分かります。その品は繻子《しゅす》(23)・天鵞絨《ビロード》などが流行しました。しかし前に申す後結びは、いずれも白歯《しらは》の娘で、歯を黒めて人の妻となりますと、前へ結びます。その帯は散らし大形の染模様で、丈は八尺を法としたそうです。

とりあげ島田（左）となげ島田（右）
（近世女風俗考）

この時代には頭の髪は、上下とも若き女中は一様に島田髷《しまだまげ》となりました。その結いぶりに大島田・やつし島田・とりあげ島田・しめつけ島田・なげ島田など、色々の結い方はありますが、島田髷が女の髪風となりました。

さて、また前に申す人の妻になりまして、前帯に結びました婦人は、笄髷《こうがいまげ》(24)に結ったら

それ是れ合考するに、慶長の以前より寛文の末つころまでは二寸五分或いは三寸ばかりなりしならん。それより延宝天和の頃より五寸或いは六寸くらいを用い、正徳享保元文の頃八九寸に及ぶと見えたり。」なお、第六談（177頁）に関連記述あり。

(22) **ある書**　「近世女風俗考」からの引用であるが、引用文は、享保十二年写本八十八歳老人筆記の「或書に言う」として記述されている。

(23) **繻子**　絹織物の一種。地、厚くして、甚だ光沢つや多きもの。緯ぬきを経たての間に隠して織る。［言］織物三原組織の一つ。綾織

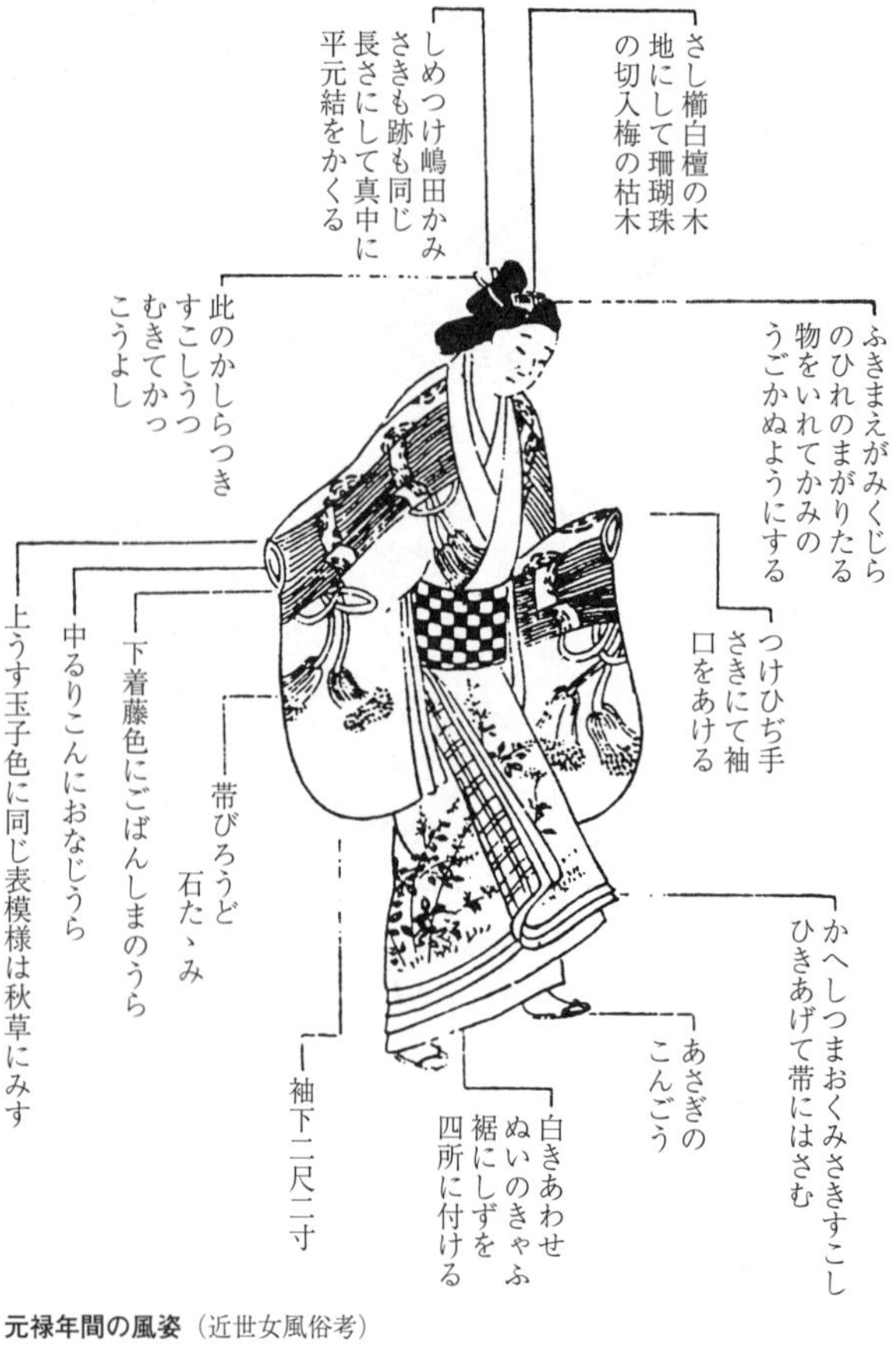
さし櫛白檀の木地にして珊瑚珠の切入梅の枯木
しめつけ嶋田かみさきも跡も同じ長さにして真中に平元結をかくる
ふきまえがみくじらのひれのまがりたる物をいれてかみのうごかぬようにする
此のかしらつきすこしうつむきてかっこうよし
つけひぢ手さきにて袖口をあける
かへしつまおくみさきすこしひきあげて帯にはさむ
あさぎのこんごう
白きあわせぬいのきゃふ裾にしずを四所に付ける
袖下二尺二寸
帯びろうど石たゝみ
下着藤色にごばんしまのうら
中るりこんにおなじうら
上うす玉子色に同じ表模様は秋草にみす

元禄年間の風姿（近世女風俗考）

しうございます。この髷は元来下げ髪を笄に巻き付けましたものですが、その様おもしろいと、いつしか通常の髷となりまして、新造の髪が島田となります頃、年増はこの笄髷となりましたのです。その結いようは髪を輪にしまして、笄を横に根元を貫きまして、輪の両端《りょうはじ》へかけわたします。

エエ、またこの元禄時代、女の衣服の模様は、やはり大柄で派手やかのが流行しました。それに脚布《きゃふ》(25)というものを着けます。これは今申す腰巻です。白地の絹布《けんぷ》を用いまして、そうして両端と中程よろしき釣合いの所すべて四カ所へ、鉛の錘《おもり》を入れます。この錘を鎮《しず》と申します。裾の、風になどあおられて、足の見ゆるを恥じてでしょう。今はそんな事は致しませんで、白チリ(26)や赤チリの間から雪のような所を見せられます。アハハハハハ

高級織物の国産化

さて、真面目なお話になりますが、それはこうです。京都の西陣《にしじん》の織物が、この時から非常な進み方で、緞子・綸子《りんず》(27)・

りのように組織点が連続することなく、組織点を一定の間隔に均等に配置した組織の織物。[文]

(24) **笄髷** 28頁の図中の輪帽子の女性に見られる。

(25) **脚布** 脚布の説明を含め、元禄年間の風姿を82頁に掲げた。

(26) **白チリ** 白縮緬の下着

(27) **綸子** 絹の紋織物の一種。地組織は五枚または七枚の経繻子で、文様はその裏組織であらわす。生織物の白地に仕上げ、織ったのち練る。織り文様には紗綾形が多い。[文]

紗綾《さや》・金襴《きんらん》・繻珍・縮緬《ちりめん》の類、おそらくは出来ない物は、無いというようになりました。

元来、織物も絹糸も、支那からみんな持って来たのです。前にも申しました、天和に長崎奉行に令しまして、羅紗・羅背板・猩々緋のほかは禁制となりました。この時は支那・紅毛《おらんだ》も一緒くたですから、長崎表へ何々のほか、禁制とか停止とか申すと、支那も西洋も一つにして申すのです。

それゆえに舶来品に禁制が立ちますと、需要《いりよう》と供給《しこみ》とが釣合いが取れないから、自国で製造する方に、力が入る訳でしょう。この西陣の織物というは、少し歴史談じみますが、天正の頃に、支那の織物師が泉州堺の浦へ参りまして、錦や金紗のような固《かた》織《おり》を始め、すべて絹布を織り出しました。この堺はこの時代には外国の開港場で、徳川時代の長崎、また安政から今日へかけての、横浜・神戸とも言うべき場所で、支那人、南蛮人みんな来たんです。

そこで日本人は真似をすることの名人なのは、実にこの国民の特性ですから、すぐにその織り方を覚えまして、すぐ真似をします。そうして真似るが早いか、たちまち上手という次第で、この時あたかも豊太閤の全盛に出会いまして、西陣に工場を設けまして、金襴・金紗・緞子・繻子の類を織り出したのです。それから引き続きまして、織るには織りますが、本家本元の支那製にはやはり及びません。この時我国で一種の錦を織り出しまして、糸錦《いとにしき》と唱えました。また天鵞絨《ビロード》も織り出しました。この天鵞絨は寛永十七年（一六四〇）に織り始めたと、たしかにある書(28)にかいてあります。

あの、舞楽《ぶがく》の装束だの、能の衣装だのの唐織《からおり》を板物《いたもの》と言いました。これは支那から木の板へ巻いて来たのです。結構な品ですから、折れ目また皺などの付かぬように、用心したのです。厚い板に巻きましたのを厚板と申すのです。

さてこの厚板と称します堅織物の錦などを、この元禄時代には、立派に本物を負かすように織れる事になりました。それはそうでしょう、天正からは百年以上になりますから、そこへもってまいりまして、輸入品の禁制を立ちましたから、なおのこと、自国製の発達を促しました。その後天和の禁制が次第に緩

(28) **ある書**　不詳。随筆「本朝世事談綺」（菊岡沾凉著・享保期刊）によれば、天鵞絨は「正保・慶安のころ京師にて織りはじむ」とある。

みまして、外国品がいつとなく、元の如く船来しますようになりましても、自国製の方が、値印《ねじるし》が安直《あんちょく》（安価）になっております。それゆえに万里の波濤を船で積んで来ても引き合わない。これから錦は申すに及ばず、その他の唐織物類はたくさん来ない訳になりました。

エエ、世に本国織《ほんごくおり》と申します帯地がありましょう、この織物は元禄時代に起こりました名目《みょうもく》で、前に申す糸錦が本名です。その本国は我国の意ではなく、織物の本国で、いわば支那本国です、唐織を本と立てますから、我国で真似して織ります物は、擬造品《まがいひん》の訳柄《わけがら》で、この擬造品が本国同様に織れる、いや擬造《まがい》ではない、この品が本国織でございますと、商人《あきんど》口に申しましてから、本国織という名称があるんだと、申すことを聞きました。いかにも、そうでありましょう。ウウ、この厚板や本国織のことは、後でまたまたお話し申すことがあります（29）。

さて、寛永中に京都の兵具師《ひょうぐし》で弥右衛門《やえもん》と申す者が、奥州仙台に召し抱えになりました。小松氏です。織物を知ってるとて、藩主から機屋《はたや》を立てさせまして、緞子・紗綾の類を織らせまし

（29）厚板や本国織　176頁参照。

たが、精巧織《せいごうおり》（30）が一番出来が良いところから、もっぱらその織り方を精当《せいとう》（31）させました。これが袴地《はかまじ》で、今日も名高い仙台平《せんだいひら》です。私はこの藩士です。仙台では今でも精巧平とのみ唱えます。

エエ、常憲公は治世二十九年で、宝永六年（一七〇九）に薨去であります。お世継がありませんから、甥に当たる甲府宰相を御生存中に世子《せいし》としましたのが、六代将軍家宣公です。

この六代将軍は世にも知るがごとく、大の新井白石信者で、そこで白石がこの君の信用を肩に背負《しょ》いまして、衣服の大改革をしようと致しました。その心は武士たる者が、袖なしの礼服を着ることはいかぬ。頭は髷ばかりで、ムキダシということはおかしいという一件で烏帽子素袍《えぼしすおう》を礼服と定めたいと致しました。されど議論ばかりで、実際は出来ない相談で、そのうちに六代の文昭院殿は、治

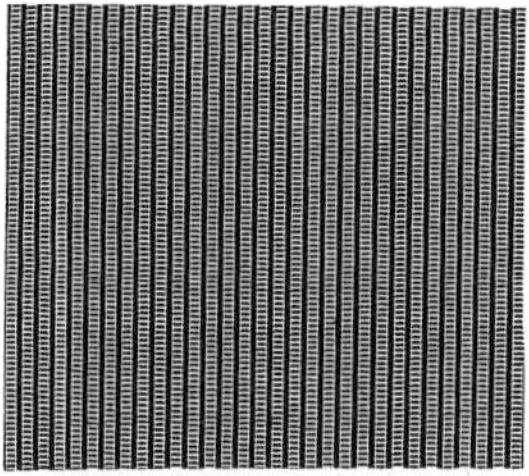

仙台平（著者所蔵）

（30）**精巧織**　絹織物の一種、精好織とも。地合いが緻密で精美なので名がついた。経緯とも練り糸を使ったもの、あるいは経に練り糸、緯に生糸を使って平織りにする。袴地に精好平があり、中でも仙台平が有名。[文]

（31）**精当**　ピッタリと作る。きわめて適当なこと。

烏帽子素袍
(『古典参考資料図集』より)

世わずか四年ゆえ、白石の説もオジャンになりました。その次の将軍(七代家継)は四歳で立ち八歳で夭死ですから仕方はありません。

第四談　享保、元文、寛保、およそ三十年（1）

享保の改革

　エエ、さて八代将軍吉宗公というお方は、徳川中興の将軍で十五代の内、初手の東照（家康）・台徳（秀忠）・大猷《たいゆう》（家光）の三公を除きまして、あと十二代中の一人です。このお方を紀州公方《くぼう》（2）と唱えますは、前代有章院殿（家継）はごく幼少でお隠れになりました。それゆえに紀州家よりお世継ぎになられたので、紀州公方と申すのです。また米《こめ》将軍とも唱えます。これは享保の初年は、飢饉打ち続きまして、米が高くって下民が難渋いたしました。それを種々お世話があって救助いたしましてるうちに、大豊作となりましたから。万民悦びまして、米将軍と申しあげたのです。五代将軍の犬公方と違いまして、美徳のことでございます。有徳院と諡《おくりな》を上げましたは、実に適当なオクリナです。

　そこで妙なことがあります。前々《ぜんぜん》より申します通り、幕府の

（1）三十年　享保年間（一七一六〜）から寛保年間（一七四一〜四四）

（2）公方　足利義満以後の征夷大将軍の称。将軍。

節倹号令を出しますは、二度とも大火の後ですが、今度の享保の法令もやはり大火事の後です。ウウ、その大火事と申しますは、都合三度で、正、二、三の三月《みつき》に、家数十四万千三百余焼けましたそうです。ウウ、最初が正月八日で、日本橋の呉服町から、しかも真昼間燃えだしまして、折から西北風《ならい》が吹き込みましたから。京橋の方へ火先き向きまして。材木町・八丁堀・霊岸島、また木挽丁から築地・鉄砲洲と焼き払いました。

エエ、その次は二月九日で、神田の三河町から出火しまして。この時の風は富士南《ふじみなみ》（西南風）ですから、内神田を半分焼きまして。外神田へ出まして、下谷一面焼き払い。浅草も横なぐりしまして、山谷まで焼けました。この火事に上野の仁王門が焼けました。今の若い御人はご存じなかろうが、吉祥閣《きっしょうかく》と申しまして、ちょうど今の鐘撞堂《かねつきどう》の目下《ました》で摺鉢山《すりばちやま》へ曲ろうとする大路《おおじ》にあったんです。この類焼後に再建《さいこん》になりましたのが、戊辰の戦争までありましたのです。あの時焼けずにいましたら、今日公園中の美観でしたろう。惜しい事をしました。

そこで三度目の火事は、牛込から出まして。小日向・小石川と焼き払いまして。たいへん遠方まで焼けこみまして、白山から駒込、とんで三崎《さんさき》・日暮《ひぐらし》（3）まで焼けたそうです。

江戸にはご存じの通り。町火消しと申すものがございまして、町々てんでん出火の備えに消防手当ての人足を、抱えおきましたのです。ところが、時の名奉行と後世まで名を伝えます、かの大岡越前守が、この時町奉行で、江戸市中を支配いたしておりますから、この火消人足がめいめいになっては、指図の仕方が手早くいかないと考えたから、最寄り最寄りの町々を組み合わせまして、四十八組としたんです。イロハ四十七字に、本組《ほんぐみ》と申すものが後に加わりまして、四十八になるんです。ですがイロハの中でヒとフとへの三字は呼ぶにおかしいという事で、ヒ組・フ組・へ組はありません。その代わりに百、千、万の三組がありまして四十八組です。そこで一組の目印と致しまして、纏《まとい》というを押っ立てます。その初め、纏に吹流しを上へ付けたそうですが、四十八組をさらに一番から十番までに、大組合に合わせました時に、吹流しを止《や》めて馬簾《ばれん》（4）としました。今日の消防組の纏は、この時に定まりましたものです。マトイと

（3）**三崎・日暮**　ＪＲ日暮里駅の西北部、谷中と西日暮里の辺。

（4）**馬簾**　纏のまわりに垂れ下がっている飾り。

纏（江戸の花子供遊び）

申す語は、一群の人数を纏める意から起こった名目《みようもく》です。又バレンはバラリンバラリンと、振れば音のするからではありませんか。

エエ、この十番組に分けましたは、享保の十五年正月の事です。しかし十番と申しますが、四と七と嫌いまして実は八組です。その分け方が、イロハニホヘトと順にやりそうなものですが、そうではありません。日本橋を分界《ぶんかい》としまして、北は一番組い・よ・は・に・万の五組にします。東は両国限り、北は内神田一帯で、万組は飯田町です。日本橋から南は、金杉橋までが二番組で、ろ・せ・も・め・す・百・千の七組です。こんな風に分けて江戸町中の火消人足は皆この組合に加わるのです。ですから、火消仲間では、同組のものを組合と申します。

これはこれは、火事の事から町火消の話に移りまして、見当違いになりました。これでは火の見番にはなれません。アハハハハ。しかしこの町火消というやつは、江戸の花で、寛文に止《や》められました、男伊達《おとこだて》の町奴《まちやっこ》を再び起こしましたようのものですから。これも江戸の風俗上には、無駄なおしゃべりでもありますまい。

そこでこのところ本文に話を戻しますが、この享保六年（一七二一）に出ました、衣服その他の法令（5）は数回でありますから、必要のものだけ読み上げます。まず第一には大奥の女中から制限を立てられました。それはエヘン。

女中衣服、次第に結構（高級品）になってきた。これは有るまじきことである。軽い品を着用するようにとの思し召しであるから、今後はいよいよ倹約の心得を持つべきである。であるから、御家門方そのほか大名衆より女中使いが御城へ上る節は、軽き衣服を着用して出仕することは当たりまえである。（中略）それぞれへ申すとおり、実行するように致されたい。

（5）享保六年四月の御触
御触書寛保集成九三〇。

常憲公（綱吉）以来奥向きの驕奢《きょうしゃ》はエライことと見えます。あの奥女中江島《えじま》（6）のごとく。役者生島《いくしま》新五郎との不始末、その時分の衣服の結構さは、思いやられます。この一件は正徳四年（一七四七）三月です。享保元年の前々年です。

エエ、しかし八代公の倹約は、天和の如く何でもかんでも美麗なものはならぬというのではありません。新規に工夫して奢《おご》りがましき品を、拵えることを禁じましたのです（7）。町触れもたびたびですから。要用のところだけ読みましょう。

全体的に新規の品の製造については、器物織物の類はいっさいこれを無用（禁止）とする。書物草紙（8）の新規製作は無用。はたまた一枚絵等を製作させ商売すること無用である。

右の品々は、新規の品でなく、もとから有る品であっても、最初は質朴であるとはいえ、次第に製法をかえ、派手な手のこんだものとなり、甚だしい浪費となるので、最初の質朴さを保持するようにすべし。

これは七月です。その翌月は閏月です。またまた同じような

（6）**江島**　絵島とも書く。大奥の大年寄江島と役者生島新五郎とのスキャンダルが暴かれ、江島は信州高遠藩預け、生島は流罪となったほか、多数の処罰者をだした。

（7）**享保六年七月の御触**　御触書寛保集成二〇九一。

（8）**書物草紙**　書物と草紙。江戸では、儒学医学等の学術書・仏教教典・読本等、堅い方の本を書物といい、草双紙・浄瑠璃本・浮世絵など大衆向きのものを草紙といって区別し、問屋・店舗も別だった。

触れがありました。(9)

　呉服諸道具、書物類は、申すに及ばず。諸商売物、菓子類にても。新規に作り出すことは、今後堅く停止する。諸商売のうちには、古来の通りのやり方で済むところを、近年は模様品質を替え、趣向をこらして製造する等の類は、おって吟味（審査）のうえ、停止させることになるであろう。

とありまして。十一月に至りまして、諸商売に組合を立てさせまして。月行事(10)を置かせまして、仲間吟味をさせる仕法《しほう》を立てました。その時の町触れも、しつこいようですが、も一つ読みましょう。(11)

　このたび御触れが発せられた。呉服物、諸道具、書物類は申すまでもなく、諸商売物、菓子類にあっても、新規の品の製作が停止とされた件は、先だって申し渡した通りである。それについて、商人は諸品物の同業者ごとに仲間を組織し、月行事を定めよ。もし新規の品を拵えているらしい場合は、互いに吟味致し、新規の品が有れば、止《や》めさせる

(9) **享保六年閏七月の御触**　御触書寛保集成二〇九四。

(10) **月行事**　がちぎょうじとも。月当番で管理や監督にあたる役。

(11) **享保六年十一月の御触**　御触書寛保集成二〇九六。

こととせよ。もし処置しがたい事情が有るならば、訴え出ること。

まずこういう風に、一切の品物に対しまして、新規に巧み出すことを禁じました。これが享保度の改革のアッパレ名案です。天和度のは、古くから持合いでも、ならぬとあります。エエ、そうしますと、法令を守るために、新規に着る着物を、調製せねばならぬ者どももあるので、懐はかえって余計の銭《ぜに》が出る訳合いです。八代公はなかなかその辺のところにお気が付かれていらっしゃるから。新規に巧み出す方を止《や》めましたは、改革の名案です。

さてこれより、男の衣服につきまして、この時代に変化ありましたことを、二つ三つ申しましょう。かの礼服の裃《かみしも》に一つの変革があります。継《つ》ぎ裃《かみしも》と申すものが始まったのです。裃は前にも申しました通り、色品模様共に、上の肩衣《かたぎぬ》と下の袴《はかま》と同じなのを、用いますが法です。しかるに上下の色品が違っても差し支えないと、表向き仰せ渡されたが、ありました。それは元文中です。この上下違いますを継ぎ裃と申します。これは対《つい》裃《かみしも》に対して、かかる名称があるのです。

これからは麻裃の肩衣を上に着けまして、下には絹布《けんぷ》でも綿《めん》布《ぷ》でも、唐桟《とうざん》(12)・京桟《きょうざん》(13)また小倉織《こくらおり》(14)などの縞物を用いることになりました。

さてこの法令の深意を推し量りますと、裃はとかく袴の方が早く汚れ、損じも多い。そこで袴が損じて穿けないようになりますと、何ともない肩衣までも、新規に拵えねばなりませんで、無駄な事になりますから。継ぎ裃という名案が出て、上下違った裃で登城してもよろしいという事になりましたのです。

継ぎ裃
(合巻時代加賀実)

しかるに、一利一害は、実にあざなえる縄の如くで、無難でいる肩衣を、そのまま用い、損じた袴だけ新調して、用弁《ようべん》しろというが、今度は肩衣

(12) **唐桟** 唐(外来)の桟留縞の略、堅縞の平織木綿。第七談にて説明あり。
(13) **京桟** 京都で織りだした桟留縞の略。第七談に説明あり。
(14) **小倉織** 小倉縞・小倉木綿ともいう、経畝組織の綿織物。経の綿糸一本に対し、緯に二・三本の綿糸を引きそろえ、平織り・綾織りに織る。帯・袴地に用いられた。福岡県小倉地方が産地。[文]

肩衣くじら入り（帆掛船風）（役者夏の富士）

ばかり新調することになりまして、その幅が大変に広くなります。前にも申した通り、以前は至って幅が狭い。

肩より内であった。元禄ころより段々と広がりましたのを、この継ぎ裃となりましてからは、肩より一、二寸も先へ出まして、元文以後は布に糊を引き、強く致しました上に、上の所へ鯨《くじら》髭を横に入れ一文字に仕立てますから、後から見ますと帆掛船の帆のように見える姿となりました。せっかく廃物利用もまたさらに形容の根源となりまして残念です。

　ですがこの元文からは、袴ばかりではありません。世の風俗と申すものが、痛く浮靡《ふび》（派手で不真面目）になります。そのことは次に述べましょう。

　サテも一つ男の衣服に異変のあった事を申しとうございます。それは余の品ではありません。立付《たちつけ》（15）と申すものが、世の中に行なわれましたのです。

　この立付は、元来武者修行の武士が穿きました旅行用で、たいがい革製の物です。袴の裾の方が狭くなりまして、膝から下は二カ所で、紐で結び付けますから、袴と脚絆《きゃはん》を一緒にした物

立付
（合巻時代加賀実）

（15）**立付**　立付袴・たっつけともいう、男者の袴の一種。短い袴に脚絆を縫いつけた形のもの。［文］

です。明暦以後は、あまり流行しないのです。ところがこの有徳公は、武士が軟弱に流れまして、一朝変事が起こった時には、何の役にも立つまいとお見据《みす》えが付きまして、御側衆《おそばしゆう》・御《お》小姓《こしよう》衆《しゆう》などに弓馬の技《わざ》を励まされ、御《お》徒組《かちぐみ》の水練を覧たり、また鷹狩を始め。ご自身が股引脚絆《ももひききやはん》に草鞋《わらじ》を履いて、野山を跋渉《ばつしよう》されまして、惰弱《だじやく》に流れている人々を、お鍛えになりました。この時からこの立付と申すものがまた世の中に行なわれましたのです。

それにこの時代には、木綿の織物が諸国で出来まして、上方近国では河内・紀州・伊勢などは木綿の本場と申しますし。西国では小倉縞《こくらじま》、東国では結城縞《ゆうきじま》(16)など、元禄ころより盛んに製造しますから、中等の人の衣類《きるい》は、みんな木綿となりました。それですから、この立付も木綿で、小倉縞を多く用いました。

かく将軍家は、自身が質素の行いをされて、臣下の者共を励ましなされたが、太平が百二、三十年も打ち続きましたから。世の人心は、浮薄に流れましている所へ、大魔物《だいまぶつ》が出まして。

(16) 結城縞　茨城県結城地方より産する縞織物。[言]

世態人情をさんざんにしました。その魔物のことを言う前に、元禄以来の世情を述べたい。

風俗を乱した宮古路豊後掾

この人情というものは、何によりてその変遷を見られるかと申しますと、その頃流行した唄浄瑠璃《うたじょうるり》（17）に限るんです。私はこの唄浄瑠璃の沿革を、多年取調べおりまして、その大体を演記いたしました筆記は、日本新聞第三一二三号から十八回まで出ております、ご覧下さい。そういう訳ですから。歌舞音曲《かぶおんぎょく》の上についての沿革は、衣服のどころじゃありません。よく知ってます。しかし今ここで述べる訳に参りません。しかし元禄から享保までの様子は、太宰春台《だざいしゅんだい》先生（18）の「独語《どくご》」によく書いてありますから、それを読み上げましょう。

浄瑠璃（19）は江戸・京・難波《なにわ》のみにあらず。遠国の田舎にもその所々の風ありて、一節《ひとふし》かわりたる事さまざまなり。その中に江戸の浄瑠璃は、もとより武家の好みに合わせたるゆえに、言葉も節《ふし》も勇めるように強みばかりあり。京難

（17）**唄浄瑠璃**　浄瑠璃風に作曲された長唄。［江］

（18）**太宰春台**　江戸中期の儒学者、延宝八年（一六八〇）〜延享四年（一七四七）。著書「独語」とあるが、正しくは「春台独語」。

（19）**浄瑠璃**　浄瑠璃節ともいう。三味線に合わせる

波の浄瑠璃は声悲しく震いて弱気多し、さりながら元禄より以前は、何方《いずかた》の浄瑠璃もみな昔物語なりし程に、詞《ことば》などさのみ卑《いや》しからざりき。その後はただ、今の世（20）の新しきことを語り出せるゆえに、詞甚だ卑しくなりぬれば、声ふしもつれて卑しくなれり。

されども土地の風俗同じからぬは、江戸の人京難波の浄瑠璃を聞きては、頭《かしら》を背け耳を覆いて聞くべき事とせざりしに、宝永のころ京より一中《いっちゅう》（21）という浄瑠璃師来たりて、京の浄瑠璃を弘《ひろ》めしより、江戸の人々やや是れを悦びあえり。享保の初めに、難波より竹本（22）という浄瑠璃師来たりて、難波の浄瑠璃を弘む。

これより江戸の人貴きも賤しきも、難波の浄瑠璃を好みあえりしに、その後宮古路《みやこじ》という浄瑠璃師、難波より来たりて悲しき声にて、賤しき諺《ことわざ》の浅ましく取り乱したる事を語る程に、江戸の人またこれに移りて興じもてはやすこと限りなし。下ざまの人は言うに及ばず、諸侯・貴人（23）・雲の上なるやんごとなき人々にも、ひたすらに是れを好み

語り物、義太夫節・一中節・豊後節・常磐津節・富本節・清元節・新内節・河東節・大薩摩節などの総称。ただし江戸では義太夫節は別個にいい、浄瑠璃の呼称中に含めない。[江]

（20）**今の世**　底本は「その世」であるが、「独語」（帝国文庫本）により修正。

（21）**一中**　都太夫一中。『歌舞伎年表』（一九七三、岩波書店）によれば、一中が江戸で大当たりをとったのは、正徳五年（一七一五）市村座での「笠物くるい」である。

（22）**竹本**　享保初めに江戸で評判をとった浄瑠璃師は確認できない。ただし、竹本座から離れて江戸に出

て、歳の初めにも如何なる吉事ありて、目出度き折から寿《ことぶ》きあえる座敷にても、哀れに悲しき声にて、愁《うれ》わしき事どもを語り続くるを、可笑《おか》しと聞きて忌《い》まわしとも思わず、日を暮らし夜を明かして、飽かずと聞くめり。

さて、この春台先生の文章で、元禄から享保へ移ってきて、人の心の流れ塩梅も、物好きの有様も分りましょう。

そこで、ただ今魔物《まもの》と申したは、この宮古路であります。この男最初は上《かみ》(24)にあります一中《いっちゅう》の門人で、半中《はんちゅう》と申した男ですが、後には自分で工夫を凝らしまして、一流を語り出し(25)まして宮古路豊後掾《ぶんごのじょう》と名乗りまして、世話浄瑠璃(26)と唱えて、男女相愛します事柄のみを専一と語るのです。江戸へ下って来ましたは、享保十五年(一七三〇)の春です。実にこの「独語」に記された通り、江戸の人は狂《きょう》せんばかりに、持てはやしました。

ところが困った事は、浄瑠璃節を持てはやすばかりなら、何にも別段子細もありません。男女相愛を実地に行いますので、風俗がたいへんに乱れました。その有様も「独語」になお記し

てきた人形遣いの辰松八郎兵衛は、享保三年に将軍家の上覧に入り、翌四年からの興行は大評判をとっている(三田村鳶魚全集第二十一巻)。

(23) **貴人** 底本は「中人」であるが、「独語」(帝国文庫本)により修正。

(24) **上** 上方(京・難波)のこと。

(25) **一流を語り出し** 一つの流派、豊後節を創設して。

(26) **世話浄瑠璃** 世話物の浄瑠璃。世話物とは時代物の反対語で、その当時の出来事・事件などを仕組むものをいう。宮古路の浄瑠璃は一般に豊後節または宮古路節と呼ばれている。

てありますから、ちとお聞き苦しいかは知れません。堂々たる大儒《だいじゅ》先生（27）が世の中を戒めるために、記しおかれたものですから。私もやはりその心で読み上げるんです。どうぞその思し召しで聞いて下さい。

難波の浄瑠璃師来たりて、彼の地なる俗調を弘めし程に、江戸の人々いよいよ是れを好みて、江戸の古き浄瑠璃を捨てて、ひたすらに京難波の浄瑠璃を習う。賤しき者のみにあらず、士大夫《したいふ》諸侯（28）までも是れを好み、一ふしを学ぶ人あり。ここに至りて昔物語を捨て、ただ今の世の賤者《せんじゃ》淫奔《いんぽん》（29）せしを語る。その詞《ことば》の鄙俚《ひり》猥褻《わいせつ》なること言うばかりなし。士大夫の聞くべきものに非ざるは言うに及ばず、親子兄弟並み居たる所にては、面を背け耳を覆うべき事なり。さればこの浄瑠璃盛んに行なわれてより以来《このかた》、江戸の男女淫奔せる者数を知らず。元文の年に及びては士大夫の族《やから》は言うに及ばず、貴官人の中にも人の女に通じ、或いは妻を窃《ぬす》まれ、親類中にて姦通する類、いくらという数を知らず。これまさしく淫楽《いんがく》の禍《わざわい》なり。

（27）**大儒先生**　すぐれた儒学者。太宰春台のこと。

（28）**士大夫諸侯**　もとは中国の用語。士はさむらい、大夫は家老、諸侯は大名。

（29）**淫奔**　性関係のみだらなこと。

こういう書き方です。いかがです。これが本当ですから困ります。これがために幕府から宮古路節停止という事になりました。それは元文四年（一七三九）十月であります。その翌年の九月朔日に、豊後掾も川育ちは川で果てるの諺の如く、あるやんごとなき婦人と共に情死《しんじゅう》しました。おのれの語りしものを実行して見せました。大魔物でしょう。この時代の世の人の腹の中に、この魔がみんな魅入りましたのです。

かくの如き世態人情《せたいにんじょう》でございましては、衣服にも異変を生じなければなりません。前に申す武士たる者の、格式《かくしき》として着けます裃も、肩衣《かたぎぬ》は広く袴は細くなりますも止むを得んではありませんか。

そう致しまして、女の風俗に一大変動が来ました。その変動と申しますは、前々に申しました、白歯《しらは》の娘（30）は髷《まげ》は島田で帯は後へ結び下げます。しかし十六でも十七でも、人の女房となりまして歯を染めますと、頭は笄髷《こうがいまげ》にしまして、帯は前帯となるのです。人品の経界《けいかい》（31）が判然としておりました。これは寛文以来の風俗で述べました通り。

（30）**白歯の娘**　未婚の女性。

（31）**人品の経界**　人の年齢・身分・地位等に応ずる区切り。

丸髷（風俗鏡見山）

島田髷（当世かもじ雛形）

笄髷（絵本浅香山）

勝山髷（風俗鏡見山）

江戸中期の女の髪型

しかるに宮古路という魔物が世の風俗を掻き乱しましてから、島田と笄髷の間に一種丸髷《まるまげ》という髪風が、世に行われることとなりました。この丸髷は前に申しました勝山《かつやま》の一変せしもので、元禄ころより傾城《おいらん》に付き添います新造などの結い初めましたものだそうです。ある書に、髪を有平糖《あるへいとう》(32)のように曲げて、笄を横ざまに差すとあります。髷に丸みを付けて平らにしますより、丸髷の名が起りましたのです。

この丸髷が市中に行われましたは、この元文のころよりで、二十歳前後の女がなんぼ人の女房になったとて、昨日まで島田に結っていたのを、年増作りの笄髷は嫌だし、前帯《まえおび》もなんとなく婆じみるという風になり、歯は染めても帯は後へダラリとさげる。そうすると髷がおかしい。不釣合いだということになって、吉原の新造衆の結《い》ってる丸髷が、この中間へ入りまして、世の人もそれを持てはやすようになりました。

かかる変動も、宮古路の魔物に荒らされた変風です。ここに於きまして、女房姿も、子でも無いうちは、笄髷も前帯もしないのです。三十も越え、そうでなくとも子供を抱えるようにな

(32) **有平糖** 飴を棒状にのばした南蛮菓子。

れば、拠所《よんどころ》なく髪の結いぶりも変えるのです。

エエ、叔父・叔母と申しますは、我が父母の兄弟に申します名称ですが、それと同年輩くらいの男女は、互いにおじさん・おばさん、また、おじご・おばごと申します。前に申す通り丸髷の花嫁さんは、おばさんと言えない。三十以上の笄髷に結う年輩から、おばさんと申してもよろしいから、この笄髷に結いました人を、おばさん、また、おばごおばごと申しますより、この笄髷の名をも、おばこと申すことになりました。今日でも四十前後からの婦人は結っております。

文金風

さてまた、この元文の頃より、島田にも一風変わった高髷と申す結いぶりが流行りだしました。文金島田《ぶんきんしまだ》と唱えます。根元を高く致しまして。イチが押っ立って。つまり髷が前の方へ斜めに下がりましたような格好で、この風は後には御殿女中の御小姓に伝わりました。芝居なんどで、イラセラレマショウ連中(33)の頭です。

(33) イラセラレマショウ

この高髷島田を文金と申しますは、男の髪の風に唱えましたが先でございます。根を高く致しまして、その上でハケを曲げるんです。ちょうど鷺《さぎ》の首と申したいが、黒いから鵜《う》の首のようです。この髷の結いぶりは、前に申した宮古路豊後が結いました風が、世の中一般に伝わりまして、女の島田にまで及んだのです。なんと宮古路と申す者の世の中を掻き乱しましたは、思いやられます。

その上にこの文金《ぶんきん》の称です。この名は前談に申しました元禄の悪金判（悪貨幣）を、有徳公（吉宗）が多年心に掛けられて、改正したいと思《おぼ》し、ついに元文元年（一七三六）に至りまして、新金を通用いたされました。世の人が金性《きんしょう》の昔に返りましたを悦びまして、文金文金と珍重しました。同じく世に珍重されますところから、この豊後が致します風をも、この新吹き（新造）の小判と共に、同じ名を唱えましたので、その時の人情が浮薄なることも、誠に良うく見られます。

そうしてまた、文金風《ぶんきんふう》と申して、長羽織が流行しました。その丈《たけ》は殆ど着物と同じくらいで、紐を長くしてその先を結う。

連中　芝居で、短い台詞を数人の腰元などの端役が一斉に発唱する、そうした役者連中。「入らせられましょう」の台詞は、歌舞伎「鏡山旧錦絵」別当所竹刀打の場で、六人の女中が発唱する例がある。イチとハケについては54頁参照。

その結び目が足へさわるようと申すことで、この時は武士もこの風《ふう》をいたしまして。大小を落しざしにしまして駒下駄を履いたそうです。

　ついでに申しますが、この駒下駄は女物が、先に上方より下りましたので、宝永の頃よりとある書（34）にあります。それから元禄の後には、江戸で女は塗下駄を履きましたのです。男は俳優が履きました。雪駄《せった》は裏へ皮を着けましたのを、木にいたしましたので、大阪では板草履《いたぞうり》を堂島《どうじま》（35）と唱えます。ところより考えますと、駒下駄と申すものは、米市場から起りましたのでしょう。江戸で武士も町人も一様に履くようになったのは。この豊後が流行らかしてからです。

文金風
（賤の苧環）

（34）**ある書**　随筆「我衣」（加藤玄悦著・燕石十種所収）に次の記事あり。「宝永頃より、京下り草履下駄あり。すなわち京下り草履に下駄を打ち付けたるものなり。正徳より、皮ばなをの雪踏（せった）の表に歯をつけたるコマ下駄出る」

しかし長羽織も駒下駄も宮古路が自身工夫したのではない、大阪風なのです。駒下駄は今申す通り堂島から始まりましたもの。そこで長羽織がやはり大阪風と申すに、たいへん良い証拠があります。「忠臣蔵」判官腹切りの場で、薬師寺の詞に「当世風の長羽織ぞべらぞべらと(36)せらるるは、酒興かウウ、但し血迷うたか」と申しましょう。この浄瑠璃は寛延元年(一七四八)の作ですから、元文より七、八年後ですが、その以前から引き続き流行していたに相違ありません。

羽織の長短は時々の流行と申すことは、前にも申しました。天和の改革で短くなり。元禄・宝永はそのままであったようです。ここに至りまして、前に申す通り再び長羽織となりまして。三尺と申すことです。背の低い人は着《き》丈《たけ》にいささかです。

さて女の衣類のお話をしますに、元文中に模様の本が二冊あります。二年の正月出版になりましたを、「音羽《おとわ》

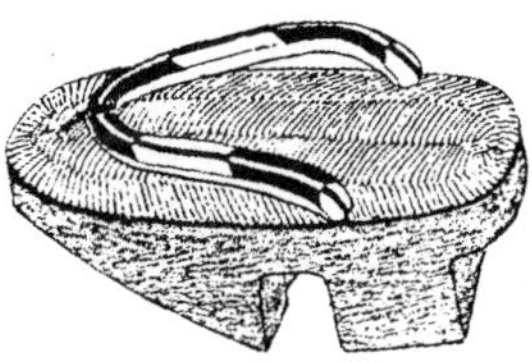

堂島
(風俗画報第170号)

(35) **堂島**　大阪の米市場で代表される町名。米商人の風俗から履物の名となった。

(36) **ぞべらぞべらと**　「ぞべる」は、だらしなく、ぞろりと。

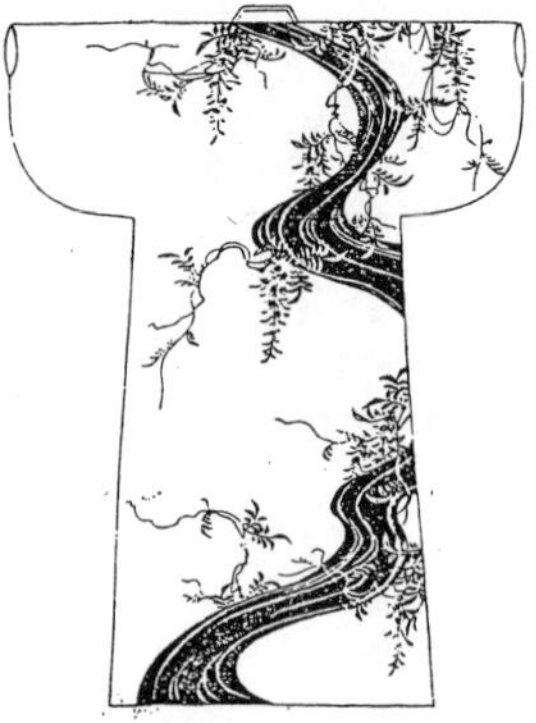
「雛形音羽瀧」より

滝《たき》」と題しまして、百十一図あります。翌年出来ましたを、「光林《こうりん》姿《すがた》」と申します。百三番の模様があります。どちらも総模様です。この二部の書物も、第一第二の両談に申した「四季模様」も、「寛文雛形」も、みんな京都出です。この時代まで絹布も、綿布も、みんな上方《かみがた》からまいるからです。

ところが元文中より上州桐生《きりゅう》に織物が始まりまして、江戸の衣類に大進歩だか大変動だか、前々とは違うことになりました。

桐生と申す土地は、昔から機場《はたば》でありましたが、元文三年に西陣《にしじん》の織物師弥兵衛と申すのが参りましてから、京織の繻子・緞子・紋紗綾・縮緬の類なんでも織り出すことになりました。今日と違いまして、京より物を江戸へ送りますは、馬の背ですから、どんなに早くても十五、六日はかかります。それに引きかえまして、桐生は路程三十里（約百二十キロ）ばかりで、利根川の舟もききまして、陸送でも舟便でも自由自在。それに江戸の流行は、直ぐに見て取って織り出しますから。江戸の問屋からズンズン注文します。じきにまいります。京都の品より品は落ちますが、お値段が安印《あんじるし》ですから、買い手が便利です。これから江戸の衣類と申すものに、流行が一層はげしくなりました。

また八王子辺で織り出します上田縞《うえだじま》（37）、そうして越後縮《えちごちぢみ》（38）など、享保中から織り初めましたが。引き続き流行しますし、また薩摩絣《さつまがすり》（39）も、元文中から江戸に行われたと申すことです。

エエ、享保は二十年続きまして、元文・寛保とかわりまして。延享元年（一七四四）に、またまた奢靡《しゃび》（奢侈）を禁じました町触れがあります。（40）

町人男女の衣類について、先年よりたびたび御触れを発しているところであるが、近年はとりわけ結構な品（高級品）を着用しているとのことである。これは禁令に反する

（37）**上田縞**　長野県上田地方に産する縞織りの紬。
（38）**越後縮**　小千谷紬ともいう。越後魚沼地方に産する紬。
（39）**薩摩絣**　はじめ琉球で織られ、薩摩を経由して広まった絣の綿布、のち薩摩その他で生産されている。
（40）**延享元年九月の御触**　御触書宝暦集成七七八。

ことである。従来通り、衣服は絹紬・木綿・麻布のほか、いっさい着用禁止である。もし禁令に背いて、分に過ぎた衣類を着用いたす者が有れば、見付け次第召し捕り、厳しく処罰を申し付けることとなる。また婚礼の節、不相応に美麗なる道具を用いているそうであるが、金・銀製の金具や蒔絵等の道具の使用は、固く停止とするものである。

この時に金銀の櫛簪《くしかんざし》をも堅く禁制となりました。玳瑁《たいまい》の櫛笄は、昔からありまして、これも奢りの沙汰とありました。ところが何者だか知れませんが、奉行所へ申し立てますには、「玳瑁など申す結構の品は、近来渡来《とらい》仕らず、ただ今もっぱら櫛笄に製作いたし候物は、スッポンの甲《こう》にて候」と申しましたところ、「その分ならば差支えなし」と言われまして、それから「鼈甲《べっこう》」とこの品の名を申し替えますことになりましたと、承知しております。

さて八代将軍有徳公の治世は、ちょうど三十年で、この翌年六十三歳で御隠居となりまして、大御所と申し、その後六年たちまして薨去となります。

この公方《くぼう》は、自身みずから御質素で、どうか世の驕奢を戒めたいと、三十年間いろいろ御制導（指導）あって、晩年にもまたまた前文の如くありましたが、太平百年と打ち続きましては、人心が堕落しておりますところへ。宮古路などと申す魔物のため、大荒らしに荒らされましたで、定めて御残念と思います。この宮古路豊後の浄瑠璃は、一旦禁制となりましたが、再び興りましたのが常磐津《ときわず》で、富本《とみもと》・清元《きよもと》と枝葉《えだは》が繁茂しました。それゆえにこの三流をすべて豊後節《ぶんごぶし》と申します。

第五談　延享、寛延、宝暦、明和、安永、天明、四十五年（1）

上方役者の影響

さて、九代御相続の家重《いえしげ》将軍は、あまり利発な御人物でない。それゆえに有徳公（吉宗）は心中にお世継ぎを御次男宗武卿《むねたけきょう》にと思し召しもあったそうですが、嫡庶《てきしょ》の分を紊《みだ》すは国の乱と、御代を譲られましたのであると、申すことに承りました。

家重公が将軍宣下の後七年、その九年、宝暦元年（一七五一）に有徳院殿、御他界になりました。その九年（一七五九）四月に先代の御遺法に基づかれて、倹素（倹約質素）を主とし、奢侈《しゃし》を戒むべき法令（2）が、触れられました。その折の有様を、「甲子夜話《きのえねやわ》」（3）に書いてあります。読みますぞ。

宝暦九年衣服の制を仰せ出されけるところ、町廻りの同心が両国橋にて商人の妻の、黒縮緬の袷《あわせ》に、モウルの帯（4）、茶の腰帯（5）、下に白き帷子《かたびら》（6）着たりしを咎め、番屋へ預けたり、また黒き縮緬の小袖にて、銭湯に赴く少婦

（1）四十五年間　延享年間（一七四四〜）から天明年間（一七八一〜八九）

（2）宝暦九年四月の法令　御触書宝暦集成八五五。

（3）甲子夜話　「こうしやわ」とも読む、肥前平戸藩主松浦静山の随筆。

（4）モウルの帯　モウル織りの帯。モウルは「毛

の胸に封印をつけ、また神田辺にて、青梅縞《おうめじま》（7）の袷の裏に、黒繻子つけ金魚を縫いたるを着し少女にも、襟《えり》に封を付けられたり。また麴町にて軽き男の、木綿袷の上に紗《さ》綾《や》の帯を締めたるを、その町に預けんとて、町名主を呼び出したるに、その羽織が小紋縮緬なりしとて、大きに叱り、まずその名主より遠慮を申し付けたるよし。

かくの如く禁制を犯したる者を咎められましても、世の流行と申すものは、とても制しきれるものではありません。

エエ、前談に大魔物《だいまぶつ》と申しました。宮古路豊後が、上方から一種の風俗を伝えましたるより、それが口開きとなりまして、この前後に歌舞伎役者が、京大阪より下ります者は、已《おの》れが舞台で仕出したものが、市中に流行するをもって、この上もなき名誉と致しました事です。かの吉弥結《きちやむすび》・水木結《みずきむすび》の帯は、三十年も昔で、その間は享保の善政中で、そんな事もあまり有りませんです。しかし宮古路より前に京都より下りました、初代の沢村宗十郎より、宗十郎頭巾《ずきん》と申す冠り物が起りました。黒縮緬で拵えまして、シコロを長く付けまして、左右二垂《ふたた》れを鼻で合

織」とも書く。もと緞子に似た浮織の毛織物で、インドのモゴルより産したのでこの名がある。のちには繻珍に似た絹の紋織物をいい、金糸銀糸を模様糸として用いたものが多い。[江]「守貞漫稿」には「余が見来たれるは白地に金筋銀筋の横縞なり、地は低く横筋金銀糸のところ高し」とある。

（5）**腰帯**　婦人の「おひきずり」の服を着丈に端折り、それを腰に巻き止める紐。抱え帯ともいう。明治以後「お端折り」をするのが普通の着装法となって、今日の腰紐と扱帯とに分かれた。[言][文]

（6）**帷子**　麻の単（ひと

わせ、後ろで結びます。今日の帽子《シャッポ》と襟巻と一緒なのです。大層流行しまして、近頃までかぶった人があります。もっともこの起りは元文元年（一七三六）です。中村座で梅の由兵衛の狂言の時に、用いてからだそうです。

その次に流行は市松染《いちまつそめ》です。佐野川市松と申す、これも京都の役者です。寛保元年（一七四一）に江戸に参りました。若衆《わかしゅ》形《がた》の評判者で、しかもその時は二十歳《はたち》で好男子でありましたから、市中たいへん贔屓《ひいき》がありました。この市松が高野山の小姓の役を勤めました時に、白紫の石ダタミの袴を穿きました。その形が好いとか、模様が美しいとか大評判で、市松市松とこの石畳の染模様が流行しまして、一時は着ない女は無かったと申します。

宗十郎頭巾
（著者模写）

この宗十郎頭巾と市松染は、八代公の御治世ですが、引続きまして当御代の

え）。「帷」の字は、とばり・几帳に垂れた隔ての布帛のこと、音は「片枚」で裏のない一枚ものの意。江戸時代は麻の裏なしが帷子で、絹の裏なしは単といって区別した。武家夫人の夏礼装は白麻地の染めものなどと定められていた。［文］

（7）**青梅縞**　東京都青梅地方で産する縞織物。古くは経に絹糸、緯に綿糸の交織であったが、江戸後期から経緯とも綿糸となった。［文］

上：**市松染（帯）**（絵本小倉錦）
下：**手綱染（左方の帯）**（絵本吾妻の花）

始め、延享四年（一七四七）頃から小六染《ころくぞめ》（8）と申すが、これも大層流行しました。嵐小六と申す、これも上方役者です。この小六染は一人両度で、前後模様が変わります。初めは鶴菱《つるびし》つなぎ、後のは紅白の手綱染《たづなぞめ》、この小六は中々評判を取ります策略がありまして、初めて下りました時に芝居近傍の髪結床二十一軒へ、若松の間に角に小の字を染めました暖簾《のれん》を掛けさせました。今日で申す広告です。この小六は後に三代目嵐三右衛門になりました。

この次に流行しましたは、梅幸茶《ばいこうちゃ》（9）、路考茶《ろこうちゃ》（10）です。

（8）**小六染**　紅白の手綱染の方が広く知られている。上図参照。

（9）**梅幸茶**　明るい灰黄

元祖尾上菊五郎が好みました色は、萌黄《もえぎ》の薄色へ鼠色がかかりましたもので、俳名を呼びまして梅幸茶と唱えます。寛保から宝暦の初年です。二代目瀬川路考が宝暦十三年（一七六三）に、市村座で於《お》杉《すぎ》の役を致しました時に、白茶の少し濃き色の着付を用いましてから、路考茶と申すが大層流行しました。また亀蔵小紋と申すのもこの前後《あとさき》に流行りました。九代目の市村羽左衛門です。

それから丁字茶《ちょうじちゃ》（11）という色も一時流行しまして、男女上下の差別《しゃべつ》なくこの色を好みまして、武士が継裃《つぎかみしも》の肩衣《かたぎぬ》にまで、染めたものもあったそうです。これは四代目の岩井半四郎からです。半四郎の家の紋に丁字車があります。それから思い付いて、丁字の煮汁の色を染色《そめいろ》といたしたのです。

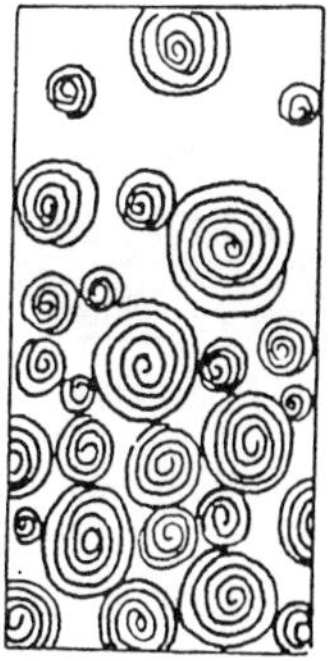
亀蔵小紋（『最新きもの用語事典』より）

丁字車
（『日本家紋総鑑』より）

緑、名称は茶でも色相は萌黄系統である。色票番号126。
（10）**路考茶**　赤みの暗い灰黄、黄茶の黒味がかった染色。色票番号105。
（11）**丁字茶**　正しくは「丁子茶」。暗い黄赤、紅色がかった茶色。本来は香料の丁子を濃く煎じ出した汁での染め色。色票番号68。［江］

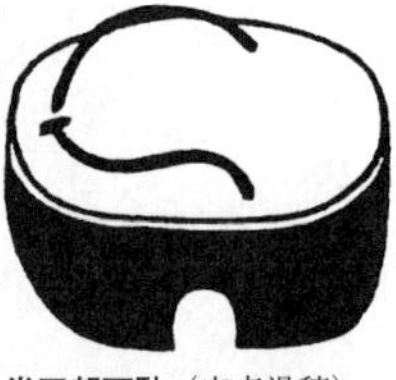

半四郎下駄（守貞漫稿）

この半四郎から、このほかに岩井櫛に半四郎下駄が流行りだしました。櫛は浅《あさ》葱塗《ぎぬり》です。下駄は今日で申さば、両丸《りょうまる》と申してよろしかろう。前後ともに丸く致したものです。明和ごろです。

さて、ここに面白い話があります。三《み》井《い》親和《しんな》と申す書家がありました。幕府の与力で、通称は孫兵衛と申します。元文ころより宝暦・明和へかけまして、大層世に行われました手書《てかき》先生（書家）です。役者の名は記憶しませんが、明和ごろ夕霧《ゆうぎり》の狂言に、伊左衛門が着て来る紙衣《かみこ》（12）に、この親和先生の書いた草書《そうしょ》・篆書《てんしょ》打ち交ぜ、反古《ほご》染《ぞめ》（13）にして使いました事があったそうです。するとそれが大変流行りまして、これを親和《しんな》染《ぞめ》と唱え市中いずこの呉服店でも売り弘めました。

しかるに真似《まね》事猿《ごとざる》をいたしまして、世の物笑いとなったお話がありましたから、お笑い草に申しましょう。和泉屋《いずみや》甚助《じんすけ》と申す材木屋の豪商がありまして、雅号を太申《たいしん》と申しました。烏石

（12）**紙衣**　和紙製の衣類。きもの、羽織、頭巾、衾などにした。和紙に柿渋をひいたあと、揉み柔らげてつくる。丈夫で暖かく軽いため防寒用・旅行用とした。貧しい人に欠かせない衣料である反面、廓通いの通人たちが高価な染め紙や書家の反古で仕立て、着捨てに

親和染（帯）
（青楼四季十二華形）

反古染
（江戸自慢程好仕入ほぐそめ）

するのを見栄とした贅沢品もあった。［文］

(13) **反古染**　前項参照。

太申染の文字（『随筆辞典』より）

の弟子となりまして、書が自慢です。そうして大変な名《みょう》聞家《もんか》（目立ちたがりや）で、太申という号を世に弘めたがりまして、浅草の寺内に桜を植えまして、太申桜と唱えさせたぐらい天狗でしたが、なお自分の名をあまねく人に知らしめんと考えまして、親和染から思いつきまして、太申染《たいしんぞめ》をはやらせんと、太申の二字を篆書《てんしょ》で書きまして、中形《ちゅうがた》（14）のつなぎ文字の浴衣を染めさせました。三十枚、五十枚と染めては、出入りの者や茶屋小屋の女どもなどにも遣りましたが、それだけの事で、べつだん太申染というものが世の中へは流行らない。そこで太申先生考えけらく、親和も役者からだ、何でも舞台の上で吹聴させるにしくはなしと、はったと手を打ち妙案妙案と自分で決め、その時評判の高い中村伝九郎へ贈り、べつだんに充分なかずけ物（15）があって、望みの通りまんまと、伝九郎がある狂言に用いてくれた。実に妙案の通り市中でもちらほら太申染が見える。太申先生シメタと大恐悦で、ある日自身に呉服屋へ出

（14）**中形**　江戸時代、大紋・小紋に対してその中間の大きさの柄をいった。木綿地藍型染めで、浴衣に広く用いられた。古来の「長板本染め中形」の技術は重要無形文化財に指定されている。［文］

（15）**かずけ物**　ご祝儀。

かけ、太申染を一反くれろと申した。ところが呉服屋の番頭は、おあいにくさま持ち合わせておりませんと断られた。太申先生不興にも不審と、しかじかの文字つなぎの染浴衣《そめゆかた》だと申したら、番頭へへエあれでございますか、あれなれば伝九郎染と申してございますと、出して見せた。太申先生ここに至って愕然と驚き、惨然と嘆いたと申しても、ようございましょう。せっかくの名聞も大金を費やしまして、他人にその功を奪われたお話でございます。これも明和ころです。

蔵前風と十八大通

エエ、さてお話が衣服の製作に移りますが、前談に述べました、文金風《ぶんきんふう》は袖口を一寸と申して、太く括《くく》りました。宝暦のころは一変して細くなりました。これは蔵前風《くらまえふう》(16)が一般に行われましたのです。この事は後で申しましょう。綿入は薄綿《うすわた》にしまして、幾枚も着重ねますことが、この時流行りました。裏《うら》襟《えり》と申しまして、下着の襟には色の違った巾《きれ》をかけます。この時はその裏襟に色々の模様の異なりました巾をかけまして、何

(16) **蔵前風**　文金風同様、髪形に衣服を交えた風俗。本文135〜136頁参照。

枚も重ね合わせて着ます。下着が一枚一枚に色や模様の違ったを見せますことが、流行と申すことです。しかし長いことでもなく、その後は下着に黒八丈などをかけまして、上着と一緒に前を合わせますことが起ったようです、これ今日でもやります。あの「伽羅先代萩《めいぼくせんだいはぎ》」の初段に、ウウ、御殿場《ごてんば》(17)よりほかは誰も知らないが、

夫《そ》れ者《しゃ》(18)と見える本多髷《ほんだまげ》(19)、一つに合わす裏襟も、黒い顔付き、云々。

とありますので、その時の様子が分かります。すべて義太夫・浄瑠璃は大阪で出来るものですが、この先代萩ばかりは江戸出来です。天明五年(一七八五)ですから、宝暦末から二十年余も後です。さて女の衣服は、総模様《そうもよう》と申すものがしだいに廃《すた》りまして裾模様《すそもよう》となりました。これも宝暦の末からで、八寸模様(20)と申しまして径《わたり》八寸ばかりの花などを、腰から下へ散らして染め出しましたが、たちまち五寸模様となりまして、それから段々小さくなりまして、安永・天明には、三寸模様また二寸模様となりましたが、はては表は無地で裏模様と申すことに

(17) **御殿場** 御殿の場面。

(18) **夫れ者** 芸者・遊女など遊里で生活する者

(19) **本多髷** 男髪、女髪ともにあるが、ここでは女髪で丸髷のこと。

(20) **八寸模様** 松平定信が寛政六年(一七九四)から書き出した随筆「退閑雑記」(巻之一)に記述あり。「三十とせも過ぎにけん

までなりました。これも一つの変革で、蔵前風から移りましたんでしょう。

ウウ、また明和ごろにもっぱら流行しました帯は、昼夜《ちゅうや》(21)と申しまして表裏のいろが違うのです。今では腹合わせと申します。上方では今でも昼夜と唱えております。「よるひ

上：**昼夜帯**
(国貞画)
左：**鯨帯**
(芳年画)

(宝暦末に相当)。八寸模様とて、女の衣のすそに八寸ほどに模様そめぬいなどしたるが、ことに流行しけり。それより五寸三寸となりて、今はふき模様とて、衣の裾にいささか模様つけたるが多し。(以下略)」

(21) **昼夜** 説明は本文のとおり。流行の一因に、丸帯に比べて安価で締めやすいことがあげられている。[文]

るの帯もとけつつ閨《ねや》の月」と申す発句《ほっく》があります。甘くよみました。この両面帯は元来鯨帯《くじらおび》と申しましたもので、天和の昔に起りました。その時は黒天鵞絨《ビロード》に白繻子《じゅす》を取り合せましたから、鯨のようです。その後廃《すた》れておりましたところが、また八、九十年もたってこの頃に流行りだしましたので、今日まで百三、四十年も廃りません。しかし、ほんの洒落に締める帯で、御晴《おはれ》の時には締められる帯ではありません。ところが近来《ちかごろ》紋付の御服《おめし》に麗麗《れいれい》と腹合せの帯を締めてる御婦人を、時々見ます。アハハハ

すべてかの文金風と申しました、ごくごく遊惰《ゆうだ》な風は、宝暦の号令で漸く衰えまして、その後に起りましたは、前申す蔵前で、これは少しく昔の男伊達《おとこだて》の風がありまして、クタクタした風は男の恥と申す気風を起したのです。この風のことは次の十八大通で述べましょう。

ちと異なりました方角ですが、乳母《うば》日傘《ひからかさ》と申す諺があります。これは昔、大家では幼児を抱いて外へ出かけます時に、付添いの女中等に日傘（22）をさしかけさせまして、日に焼けぬよう

（22）日傘

にいたす為でございます。古くからありますことで、そこで第一談に述べました通り、女は外《そと》へ出ます時は、塗笠《ぬりがさ》・葛笠《つづらがさ》など、冠笠《かぶりかさ》をかぶりましたが、宝暦の末より青紙ではりました日傘が出来ました。それから女はみんな手傘をさす事になりまして、またたくの間に行われましてから冠笠は全く廃れました。

「日から傘といえるもの、昔は小児のほかさしたる事無きものなり（高貴の上は暫しおくなり）。正徳享保の頃より儒者または医師など用いしものとかや、女の専ら用ゆるものとなりしは宝暦或いは明和の頃より始まる」（近世女風俗考）

ここに衣服に添いました物で雨中に着ます合羽《かっぱ》のことを申しましょう。元来このカッパと申す言葉は南蛮語《なんばんご》です。南蛮と申す名は、今のお方には訳わからぬか知れませんが、天正・慶長（一五七三～一六一五）ころ西洋のポルトガル・イスパニヤのことを差して申したのです。ルソン群島から日本へ参りますにより、南方から来る夷《い》狄《てき》と申す義です。外国を夷狄とするは、支那人からで、我国もそれにかぶれて申しますので、今日ではおかしい。それからしましてヨーロッパの本国を奥南蛮《おくなんばん》と申したのです。

さてこのカッパはポルトガル人などの着ておりましたもので、後に申す坊主合羽《ぼうずかっぱ》また引廻《ひきまわ》し合羽と申すが本家です。それより一転しまして日本の服の上へ着られるように、襟も付けまして、

坊主合羽（金草鞋）

羅紗《らしゃ》などにて拵えました。寛文の令条に毛織合羽《けおりかっぱ》無用とありますので知れます。紙合羽は紙で拵えまして山桐の実から取りました油を上にひきますより、桐油《とうゆ》と申します。また、さし傘を用いる人は、木綿の合羽を着ます。武士は黒紺などの半合羽、町家では花色などの長合羽を用いましたが、これも元文の頃より、武士も長合羽を着るようになりまして、芭蕉布《ばしょうふ》・葛布《くずふ》(23)などより、またまた羅紗・呉呂《ごろ》(24)を用いるようになりました。

女は雨中に外出《そとで》する時は、大形《おおがた》の浴衣を外被《うわつぱり》にしましたものですが、これもこの頃より男のように木綿の、しかも袷合羽《あわせかつぱ》(25)を着ることになりました。ただし女のはソギ袖が行われたと申すことです。後に女の木綿合羽と申す別段の品も出来まして、木目流し(26)などが後々までも行われます。

(23) **芭蕉布・葛布**　糸芭蕉の繊維で織った織物、沖縄産。葛布は葛（マメ科のつる草）の繊維を緯糸にし、経糸に麻・綿・絹などを用いて織った織物。「守貞漫稿」（男服中）に「近年は下賤の女も浴衣など着る者なし、皆木綿の合羽を着る

さてまた、パッチ（27）と申しますも、外国語です。西洋語だとも朝鮮語だとも申します。長い股引きで、私の考えには平賀源内が長崎へまいりまして、オランダ人の今申すズボンを見まねて、彼が穿きはじめましたものだろうと存じます。ちょうど平賀が伽羅《きゃら》に銀《ぎん》覆輪《ぷくりん》（28）の櫛を拵え、源内櫛と申して流行らせたのも、明和・安永の頃で、パッチもその頃から世にあるのです。蜀山人《しょくさんじん》はパッチを嫌いて「常に我は史記とパッチは持たず」と戯語《ざれご》いいしとか申します。

半合羽
（金々先生栄花夢）

長合羽
（合巻時代加賀実）

ことになりぬ。又男子も近年は夏合羽とて葛布芭蕉布の類を以て造る。富饒の人は琥珀呉絽幅綸等にて拵え着る」

（24）**呉呂**　呉絽幅綸ともいう。原オランダ語。ラクダ・山羊・羊などの毛の梳毛織物をいう。合羽・羽織・帯などに用いられた。［文］

（25）**袷合羽**　裏地のついた合羽。「守貞漫稿」によれば、上半身のみ袷と全くの袷とがあり、裏地は絹を用いたるを良とした。

（26）**木目流し**　木目模様を出す染織には、木目織り・木目絞り・木染がある。このうちのどれかであろう。

（27）**パッチ**　股引をいう

エエ、袴《はかま》は、武士は馬に乗るため、襠《まち》(29)を高くあげます。町人は馬に乗ることがありませんから襠が低い、すなわち平《ひら》袴《ばかま》(30)と申します。しかるに武士もいつしか襠を低く致して、天明ごろは武家の着料も全く平袴となりまして、別に馬乗袴《うまのりばかま》(31)と申すができました。そのうえ、腰板の下へ厚紙を蟬《せみ》の羽のように入れますを、十番仕立《じたて》(32)と申します。麻布十番と申すところの馬乗りが始めたのです。

サテまた、今申した平賀は才知のたけた人で、早く西洋の技術に心掛けまして、電気術を伝えた人です。讃岐《さぬき》の人ですが、宝暦の初年から安永の末まで三十年ばかり、江戸におりました。

この時代は老中田沼玄蕃頭《たぬまげんばのかみ》が全権で、様々驕奢を尽しました。

パッチ
(金々先生栄花夢)

としているが、「守貞漫稿」では両者の相違を詳しく述べている。例えば、上方ではく男の股引を縮緬・絹・木綿に限らずパッチといい、旅行用の短いもの(脛には脚絆をはく)は股引という。また江戸では縮緬と絹のものをパッチといい、木綿は長短を選ばず股引という。[守]

(28) **銀覆輪**　器具類の縁(ふち)を銀で覆い飾ったもの。源内櫛は、伽羅の櫛の背に、一分通り、銀覆輪をかけてある。[言]

(29) **襠**　衣服などの、布の幅の足りないところ(主として三角形の部分)を補って縫い添えるもの。ここでは、馬乗袴の内股のとこ

ところで田沼の驕奢は、前々とは違いまして、西洋物を大層に集めました。今日ではガラス障子などは、サッパリ珍しくない。しかしこの時代にはガラスなどというものは、ヨーロッパから船積みにして来るのだから、実に珍しい。そうして値《あたい》が非常に高い。それを金にあかして取寄せるのです。このほかにも時計などもこの時より盛んに来たのです。平賀は西洋の事を知っていますから、田沼に愛せられまして、驕奢の方には中々悪知恵を入れまして、様々な新工夫を世に巧みに出しました。噺《はなし》に聞きますに、この時代には日本橋の南北の通町《とおりちょう》の軒看板に、和蘭《おらんだ》製とか紅毛《こうもう》伝来とか長崎発明とかいう文字を書かないものは無かったと申すことです。

さて、上に田沼が驕奢いたしますで、下にも十八大通《だいつう》(33)などと唱うる、驕奢で派手を競いました族《やから》がございました。その人の姓名は異同がございまして、一定いたしませんが、蔵前の札差から起こりました者で、文魚《ぶんぎょ》・暁雨《ぎょうう》などが発当人《ほっとうにん》であります。知れてる名前を申しましょう。

文魚は吉田氏で、大和屋与兵衛と申します。

ろをいう。[言]

(30) **平袴**　長袴・馬乗袴などに対して普通の袴をいう。[江]

(31) **馬乗袴**　襠高袴ともいう。襠の低い平袴は長着の上から穿くに便利だが、乗馬には脛を出さないように製してある。[文][守]

(32) **十番仕立**　これが今日の男袴の源流である。[文]

(33) **十八大通**　宮武外骨の編集による「古今内外名数雑誌」第一号（明治三十年）中に、「十八大通」の記事があって、十八大通の人名・風俗・言行の奇聞珍話等が出典名を挙げて紹介

十八大通（耳嚢）

暁雨は竹内氏で、大口屋治兵衛と申します。

稲有《とうう》・金翠《きんすい》・有遊《うゆう》の三人は、大口屋の一家で平兵衛・八兵衛・平十郎と申します。

秀民《しゅうみん》は吉原の見番大黒屋庄六で片岡氏で、

墨河《ぼっか》も吉原の遊女屋扇屋宇右衛門鈴木氏です。

このほかは樽屋万山は町年寄の樽屋と思われますが、祇園珉里だの菊屋可文だの、平野屋魚交だの、松坂屋左達だの、下野屋祇蘭だの、近江屋柳賀だの、鯉屋鯉藤だの申す連中はまだいかなる身分だか、調べがつきません。

ここに可笑《おか》しきは、十八大通の中に幕府の和蘭医師の桂川甫《ほ》周《しゅう》と、国学和歌にて名高き村田春海《はるみ》・加藤千蔭《ちかげ》の両人とが入っ

されている。このうち、人名・風俗について本書の記述との異同が見られる。すなわち人名では、珉里亭栄思著「残菜袋」には十六人が掲げられ、立川焉馬作の浄瑠璃「碁太平記白石噺」には二十二人の名が語られているが、実体不明の者が多数いるので、十八大通とは限定した十八人をいうのではなく、「その頃のいわゆる通人等を広く指して言える語（ことば）なるべし」としている。

てるので、随分妙な取合わせです。もっとも千蔭は千蔭緞子《ちかげどんす》と申して、自分の詠んだ竹薫鶯という歌を、自筆に書いて織らせ、吉原や深川の芸者に帯に締めさせたなど申す所行がありましたから、この仲間へ入ってるのでしょう。加藤は町方の与力で、市中取締る役柄です。それにこの仕儀、エエ、幕府の末世思いやられます。

　エエさて、今申す如く、この十八大通は浅草の蔵宿《くらやど》、俗に申す札差《ふださし》より始まりましたもので、その事蹟の世に伝えますは、文魚・暁雨の二人で、ほかの人々はあまり、どうした、こうしたという程の事も伝わりません。それゆえにこの大通風は蔵前風と申してもよろしいのであります。この族《やから》は大いに男を売りましたものです。

　そこで、この人々の身なり（34）を、一通り述べましょう。髪の風はハケ細くイチ丸く、本田くずしという髷です。油をつけない水髪《みずかみ》です。文魚は常に銀の針金を元結《もとゆい》にしたと申すことです。衣類は綿《わた》の薄い小袖三枚重ね、ユキ（35）は長め袖口細く、着丈《きたけ》は踵《くるぶし》の隠れるくらい、裾のフキ（36）は、五分ブキで

（34）この人々の身なり
前項「十八大通」中の、パッチと履物に関する記述を抜粋。根岸肥前守鎮衛筆記の写本『耳嚢』異本中に曰く。

この時に流行しましたパッチは、決して穿かないそうです。後々までも蔵前者はパッチを穿きません。そうして黒仕立と申して、着物も羽織も黒で、紋付の紋は細い小さい、そうして履物はバラオの雪駄に限ったものです。

バラオと申しますは、竹皮で丸く打った鼻緒です。竹の小枝についてる皮をバラと申します。その小皮を晒して細引で打合せたんですから、バラオと申すのです。余計な事ながら物知りぶりにちょっとおしゃべり。

さて世に目盲縞《めくらじま》（37）と申す黒木綿があります。本名は青縞《あおしま》と申します。武州の加《か》須《ぞう》から織り出しましたもので、これまでは紺でも黒でも布を染めましたが、この青縞は糸で染め、それから織ります。縞目がない（見分けがつかない）から目盲縞と一般に唱え来たりましたのでしょう。この青縞の織り初めは、古いか知れませんが、江戸にて盛んに用いまして、一の産物となりましたは、この黒仕立から起こりましたのだろうと思われます。紺看板《こんかんばん》（38）目盲縞の脚絆《きゃはん》で御用達町人などの供を致します者を、クロカモと申します。加須の人に聞きましたら、は

「安永の頃若き者の華奢なるを大通人と称して専ら行なわれし其の有様、多分兼房小紋に紋所は定まれる紋を用いず、雁皮につぶつぶ等を付けたる羽織のたけに均しきものを着し、衣類は多く黒にて、是も殊の外の長仕立て御納戸茶絹のぱっちを着し、三枚の裏付草履の鼻緒は八幡黒の二筋つきたるを穿き、頭の中剃りを甚だ広くし髪甚だ少なし、是を道病本田と号して党の粋を抜ける者十八人あり、是を十八大通と称す。其の第一なる者、御蔵前の大和屋何某俳名を文魚という。
（以下略）」

（35）**ユキ**　裄。和服で背の縫い目から袖口までの長

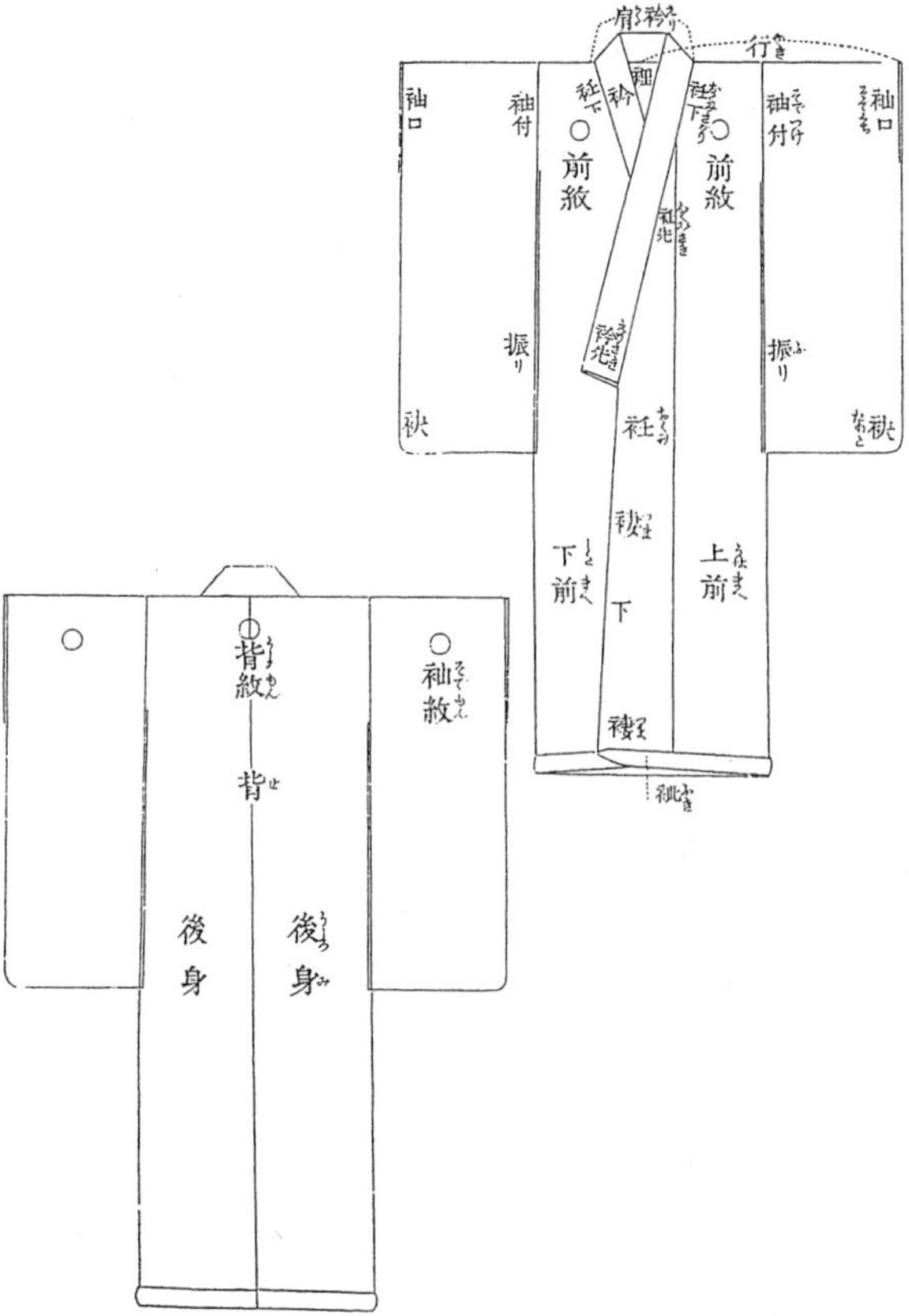

衣服各部の名称（婦人小袖の図）

（『花衣』より）

クロカモ（名物拝見自由じざい）

じめは村だったが、青縞の市場が立ってだんだん盛んになってから加須町《かぞうまち》となったのは文化中（一八〇四～一八）だと申すことです。

さて享保の質素は、文金風で乱され、宝暦で一度取締ってみたが、充分のことは出来ないようですが、一変して蔵前風の起ったのは、柔弱《にゅうじゃく》の反対です。よろしいようなものの、それも形容《なりかたち》のみで、やはり太平遊蕩《たいへいゆうとう》の民たるは免れません。十八大通の族《やから》などが、この時こんな詰まらない華奢《きゃしゃ》風流競べをしまして、それを大層自慢らしくしましたから、このほかに無駄の驕《おご》りは言うに言われぬ程です。諸大名はじめ武士も町人も、質素の風はいつとなく崩れまして、ことに田沼が時めく間は三、四十年、世の中に驕りという驕りは、衣食住その

さ。人体では背中央から手首までの長さをもいう。137頁の図参照

(36) フキ　袘（衽）。袷（あわせ）または綿入れの衣服の袖口および裾の縁（へり）で、裏布が表側まで出た形に仕立てられている部分のこと。表布の汚れやいたみを防ぐための工夫であるといわれるが、表地との配色の効果も大きい。[文] 婚礼衣装には、今も綿入りの袘が見られる。

(37) 目盲縞　縞がほとんど見分けがつかないことで盲の名がつけられた。

(38) 紺看板　看板とは主家の紋所・屋号などを染めだした法被（はっぴ）。武

他実に際限もないと思われます。その実は上下一同あとへも先へもいけぬ疲弊となりましたのです。

家で下僕などに与えるのは紺看板と決まっていた。［江］

第六談　寛政、享和、文化、文政、天保、五十二年（1）

寛政の改革

　さてこれから致しましては、寛政の善政と、文化文政の太平の有様を述べましょう。天明より凶作打ち続きまして、下民《げみん》は非常に困窮いたしました。地震だの津波だの浅間岳《あさまがだけ》の噴火だのと、天災も度々ございまして、米価は高く飢渇《きかつ》の民そこここに徘徊いたし、世の中ははなはだ物騒《ぶっそう》になりました。しかるに田沼は執政の任にありながら、これを救う政治も致さず、かえって町家《ちょうか》へ御用金を申し付け、金融の仕法《しほう》などと申して、寺へも神社《やしろ》へも出金を申し付けまして、その金を貸付けたりなんかしておりました。この時の落首に「世に逢うは道楽者に驕《おご》り者転《ころ》び芸者に山師運上《やましうんじょう》（2）」と思いやられます。

　ところが天明六年（一七八六）、十代将軍浚明院《しゅんめい》殿（家治）御他界となりまして、世子家斉《いえなり》公が跡を継がれました。十六歳です。御幼少ですから、松平越中守定信朝臣《さだのぶあそん》を補佐の職となさ

（1）五十二年　寛政年間（一七八九～）から天保年間（一八三一～四五）

（2）運上　「運上する」とは、いろんな目にあった果てに観念すること。［江］

れました。この補佐と申す事は、徳川十五代の間に、前申した会津正之《まさゆき》朝臣と、この越中殿《どの》と両人ぎりです。この越中殿は有《ゆう》徳公《とくこう》（八代吉宗）の孫に当ります。田安家より奥州白河の松平家へ養子に行かれたお方です。将軍家も一橋家から浚明公の世継ぎとなられたのですから、将軍の御実父大納言治済《はるなり》卿と、この定信朝臣とは全くの従弟《いとこ》なのです。越中殿はこの時三十歳です、学問もあり、知略もあり、徳川幕府の閣老には、類の少ない良相《りようしよう》です。この人を挙げて補佐職に置きましたは、一橋亜相《あしよう》(3)の指揮《さしず》で、それには前々より深い考えがあるんだと申すことです。

そこで越中殿が補佐になります。田沼はすぐ免職で、そのうえ五万石の禄を四万石は取り上げられまして、一万石となります。おまけに今まで遠州相良《えんしゆうさがら》に城主でありましたが、城を壊されまして無城の大名となりました。

そうして一方には、士民《しみん》の救助として、金二万円（両）に米六万俵を市中へ賜わりまして、今までの弊政《へいせい》という弊政は、片っ端からドシドシ止めました。そこで四民安堵《しみんあんど》いたし、その内

(3) 亜相　大納言の唐名。

に豊作にもなりましたから、米価も安くなり、世の中は大変に静まりました。この年六月第一に出ました、節倹の号令（4）は、こうです。

万石以上（大名）もそれ以下の者も、末々に至るまで、常々身分に応じて、できるだけ倹約につとめ、自家の経済運営が混乱することなく、精を出して御奉公に励むよう心がけることが肝要である。倹約を守るとはいえ、知行高に相応する人馬・武器等の用意を、省略することがあってはならない。

文武・忠孝は、前々より武家の訓令に第一とされていることであるから、特に心掛けるべきである。若き面々は、平日武芸等も随分精を出して励むべし。乱舞《らつぶ》（5）その外の稽古事は、結局は慰みものであるから、ほどほどにたしなむべきである。しかるに、これらの稽古事に専念するならば、自然に武道は疎んじられることになるので、この点よくよく留意して御奉公致されたい。

八月に第二の号令（6）がありました。その内二カ条読みま

（4）天明七年六月の御触　御触書天明集成一八四八。

（5）乱舞　「らんぶ」ともいう。能楽の演技の間に「ひとさし…といって舞うもの。仕舞。［言］

（6）天明七年八月の御触　御触書天明集成一八五〇。

す。

衣服諸道具等は、有り合わせの品を用い、古くとも外見の善し悪しにお構いなく用いるものとし、新規に製することは禁止する。一日、一五日、廿八日、そのほか御規式（7）等の日は例外として、平日における白小袖の着用は不要とする。ただし、上着については、今まで縞類は着用しなかったが、今後は着用することとする。

家来の衣服については、多少見苦しくとも、可能なかぎりは着用することとし、綿布等を混用したとしても、どこへでも通用する旨申しつけられたい。なお、女の衣服についても同前とする。

越中殿の改革は、自分には祖父様《じじさま》に当る有徳公の、享保度の趣意を学び、有り合わせの品は仕方がないから、着ふるしてしまえ、新規に美服《びふく》は拵えるなということです。

さてまた、学問の道も御精当《ごせいとう》がありまして、聖堂において四書五経の講釈をさせて、人々に聴かせました。文武を励め、文武を研け、文武文武と申すことが、上も下も口癖同様に申しま

（7）御規式　幕府の定めた恒例の儀式。

したから、蜀山人（8）がこの時の狂歌に、

世の中はか（蚊）ほどうるさきものはなしぶんぶ（蚊のブンブンと文武と）といって夜も寝られず

と口ずさみましたところが、その筋の人に聞こえ、大いに不首尾であったそうです。

さて以上の節倹の法令は、旗本御家人等の武士分の者に達しましたものです。三カ年きっと守れと申し渡されました。それから中一年おきまして、寛政元年（一七八九）三月に至りまして、市中に町触れ（9）がありました。エエ、

近ごろは全体的に華美の風潮が広まってきたため、自然に出費がかさみ困窮に至っている。日用品はますます高値になり、人々は難儀していることについて、武家が質素を守り続ければ、商家の売り上げが減り物価は安定するであろう。ところで、町人がこれまで通りに華美を煽るようでは、この先の経営は成り立たなくなるので、全体に華美の風潮を無くすよう致すべきである。

今後町人どもは、男女ともに身分不相応な結構（高級）の

（8）蜀山人　本名大田覃、別号大田南畝。徳川幕府の臣であり、江戸後期の代表的狂歌師、戯作者。

（9）寛政元年三月の御触　御触書天保集成五五二六。

衣服を着用するもの、また髪飾り等までも大げさな品を用いている者があれば、組の者(10)が見付けしだい当人の居所、名前等を職務質問し、町役人を付き添わせて町奉行所へ召し連れ、吟味(詮議)するので、そのように心得よ。なお、不相応の美服または結構な髪飾りをつけている者は、町奉行所において、吟味のうえ処罰をすることになろう。路上で着物や髪飾り等を取り上げることは、以前からありえないことだから、誤解のないように心得られたい。

とござりまして、又引き継ぎに左の九カ条の御触れ(11)がありました。

一、すべてについて贅沢品の製造を禁止するむね、元禄・享保年中に発せられた御触れについて、今に至り忘れ去ることがないようにと、先だって通達しておいたところであるが、今般改めて左の通りお達しがあったので、今後はこの御触れの通り、きちっと遵守致されたい。

一、手間がかかり過ぎて役にたたない高値の菓子類は、今後製造禁止とする。これまで作ってきたものであっても禁

(10) 組の者　町奉行の与力・同心(第七談196頁参照)。

(11) 寛政元年三月の九カ条の御触　御触書天保集成六一〇一。

止する。
一、火事羽織・頭巾について、飾りたてた高級品は製造禁止とする。また町方の火事場纏《まとい》は錫箔《すずはく》を使用して製し、金銀箔等は使用しないこと。
一、能装束《のうしょうぞく》について、甚だ結構（豪華）な品を見うけるので、今後は格下げの品を用いること。また女性の衣類も派手な織物や刺繍は禁止とする。
一、破魔弓、菖蒲刀、羽子板の類について、金・銀の金具ならびに金・銀箔は使用しないこと。
一、雛人形・手遊び人形の類は、八寸以上は製造禁止とする。それ以下の物は、粗末な金入りの緞子類や装束は差し支えない。
一、雛道具には紋所を付けるだけとし、梨子地《なしじ》はもち

火事羽織頭巾（風俗画報第179号）

ろん蒔絵《まきえ》による製法も禁止とする。

一、櫛《くし》・笄《こうがい》・簪《かんざし》等に、金の使用は決して行なってはならぬ。銀や鼈甲《べっこう》は大げさでなければ差し支えない。また目立つ飾りや精緻な細工の施された高値の品の売買は厳禁とする。

一、煙管《きせる》そのほか手持ちの玩具同様の品に、金・銀を使用してはならない。また蒔絵等を結構（派手）に施してはならない。

右の条項は確実に遵守せよ。ただし、ただ今まで仕入してしまった分は、今年限り売買を認めるが、来年の戌年からは御触書の通り売買を禁止する。今後もし、禁止の品の製作を注文する者があれば、奉行所へ伺い出て、指図を受けることとせよ。右の通り、町中へ御触れを達することとされたい。

ここにおきまして、武家も町家も、これまでのごとき華美の衣服器具等は、一切止められまして、質素倹約を守ることになりました。

さて町家はともかくも、武家は受けます俸禄を引き当てにしまして、前申す蔵宿《くらやど》から、金を借りて使います。驕奢に耽りましていて、それが一年二年でなく、永年の間つもりまして、この時に至りましては、二進《にっち》も三進《さっち》もいかぬという場合でありますから、棄捐《きえん》という号令を出されました（12）。これは昔、足利時代に徳政と申しましたのと同様の事で、古き借財は返済するには及ばない、貸方では証文を反古《ほぐ》にしろと申す事です。これは暴政のように思われますが、今まで蔵宿の貸金は暴利を貪りまして、元金の十層倍も百層倍も取ってるんですから、決して損はしないからです。

この月またまた、先だって奢りたる品売買するなと触れたを堅く守れ、そうして五カ年の間、倹約しろと武家へも町人へも御達しです（13）。

（12）棄捐令　御触書天保集成六二〇三。

（13）五カ年倹約の令　御触書天保集成五八九一。

倹約から起こった風俗

さてこの節倹の令で、第一に変りましたのは、武士《さむらい》が縞の着物を表向きに大手をふって、何処へでも着て出られるのです。

今までは武士たるものは紋付小袖に限っていたものです。

この時は御老中に和桟留《わさんどめ》（14）の袴《はかま》を穿いた人もあります。勘定奉行の久世という人は、その肩衣《かたぎぬ》の麻布の目が粗く、小袖の紋が肩衣の紋の様に見えたと申します。また御目付の中川は、縞の革袴《かわばかま》に鼠色の足袋で、出勤していたそうです。

このゆえにこの時、こう言う事があります。それは何です。エエ、武士は大小と申して刀と脇差二本さします。ところが太平の上に驕奢に耽りましたから、刀の拵えが美々《びび》しくなりまして、鍔《つば》や目貫《めぬき》・縁頭《ふちがしら》（15）とも金銀ずくめで、色画《いろえ》・高彫《たかぼり》・象《ぞう》眼《がん》（16）など思い思いの趣向取合わせなど、華奢《きやしや》風流を競いまして、メッキでも何でも金銀気《け》の無い腰物をさしては、人中《ひとなか》へ出ることが出来ない様であったんです。ところがこの改革が出ますと、昔の方はご存じでしょう、両国の村松町辺は一体に刀剣商で、拵え付きの大小を幾組でもお好み次第に出来ております。この刀屋は両国辺のみならず、芝の日蔭町《ひかげちょう》にもありますし、その他にも最寄り最寄りに三軒五軒ずつはあります。前申す一令がありましてから、この刀屋の店々に仕込んで置きました、

（14）**和桟留**　国産の桟留縞。第七談に説明あり。

（15）**鍔や目貫・縁頭**　刀の構成部材。

（16）**色画・高彫・象眼**　金銀等を使用する金属工芸の技法。

素《す》銅《あか》作り鉄拵《てつごしら》えなどの大小は、三日の間にすっかり売り切れになったそうです。

エエ、これは、今日までと反対に金銀作りのピカピカ物をさしてると、何だか柔弱にも見えるし、驕奢にもあるし、という所から彫りも無く、色画も象眼も無く、無地の飾りっけの無いのを、争ってさしたのであります。

この武士の変動から、町家の変動もござりまして、まず前談に申したパッチの股引《ももひき》が一般の用いるものとなりました。中等以上の人は、秩父絹（17）などで多く拵えます。五寸ダルミと唱えまして、足の太さより布《きれ》を五寸ビロに裁《た》って縫うのです。それですから風に吹かれますと、ブワブワいたします。もっとも後《のち》には段々に細くなりまして、三寸ダルミ、二寸ダルミとなります。このパッチには膝の下へ紐を通せる乳《ち》を付けまして、遠路でも致します時には、紐で括《くく》ります。その乳をゲジゲジと申します。これは乳をかがって縫い付けます形が蚰蜒《げじげじ》に似ていますからです。中以下は千草色《ちぐさいろ》（18）の木綿、これは昔からです。職方《しょくかた》の者は目盲縞《めくらじま》です。江戸では、絹布《きぬ》をパッチと申し、

（17）**秩父絹**　埼玉県秩父地方で生産される絹。丈夫さが有名で着物裏地とされた。［文］

（18）**千草色**　夏季に咲く露草の花のような、あざやかな青色。色票番号173。

綿布《もめん》を股引と申しますが、上方ではすべてパッチと申しまして股引とは今いう半股引です、股だけだから股引です。股引と脚絆とをおっ通して一枚なるものは、前にも申した外国ものですから、絹でも木綿でもパッチがようございましょう。

そんな講釈は、よしと致しまして、この度改革の趣意は倹約するばかりでなく、武士は文武の芸を励め、商人《あきんど》職人はそれぞれおのが稼業を稼げ働け、油断なく暮らせという上の趣意であるんですから、貴人も下人も、金持も貧乏人も、武家も町家も、男も女も、爺さん婆さん、それこそ猫も杓子《しゃくし》も稼ぐ一方という人心になりました。

そこで股引尻カラゲ（19）と申す風体が、甲斐甲斐しく見えるから、実地に働き動く者はもちろん、そうでない者も、なまけていないという姿を、見せるためでありましょう。それゆえかこのパッチが大流行となりましたのです。

またも一つ、袖なし羽織が流行りまして、男は申すに及ばず、女も着ます、年寄も着ます、子供も着ます。エエ、これも立ち働くに便利というところからと、一反の反物《たんもの》で二枚できるとか

（19）股引尻カラゲ　138頁の図参照。

いう倹約からと、両方の工夫からでしょう。しかし始めは其処《そこ》ですが、後々はこの袖なしに種々《なかなか》な結構な巾地《きれじ》を、はぎ合わせまして、だんだん贅沢な取合わせ、品を選びまして、大金のかかるものとなりました。このパッチは今日でも用いていますが、袖なしは天保の末にはたいてい廃《すた》りました。このパッチのゲジゲジは安政頃から後は見えません。

も一つ倹約から起こった風俗を申しましょう。女が上着の着物へ半襟をかけることです。下着へ半襟をかけますことは、古くからありますが、上着へかける、しかも縞物ばかりでなく、紋付へもかける。もっとも寛政以前も、吉原の仲之町のお茶屋のかみさん達には、半襟紋付も見えますが、市中一般に上着へ半襟をかけることは、この改革からです。ついに衣服の中に半襟物と申す名称が出来まして、ちょっと外出《そとで》す

袖なし羽織
（合巻猫の草紙）

黒繻子と前垂（合巻薄俤幻日記）

るに今日は半襟物で行こうなどと、第二等の晴着となりました。その半襟は黒繻子です。合羽《かっぱ》も半襟をかけまして、これは黒天鵞絨《ビロード》に限るようです。

さて前垂《まえだれ》また前掛《まえかけ》と申しまして、帯の下から膝を覆いますものを、女が一般に掛けますも、主にこの改革後です。昔はアカトリと申しましたそうです。字では赤き鳥と書いてありますが、汚れ垢を取る義で呼んだものです。赤前垂から来た赤ではありません。この前垂を女が常不断《じょうふだん》に掛けますも、倹約と立ち働きとの一件から起こったのでありますが、後にはこれもやはり見栄の一つになりましてヨソイキ前垂なども出来ました。

さてまた、このたびの倹約は、元文以後の世の風俗を矯《た》めて、享保の昔に返し、有徳公初年の風俗にしたしという意でありました。その上の趣意は自ら下《しも》に移りまして、三十以下の女はまたまた前帯となりまして、後ろに結びますは、前々から申した通り、まだ亭主を持たない白歯《しらは》の女とあい成りました。

かくの如き人心でしたから、越中殿の政治も充分に行うことが出来、そうして何でも自身で質素を守られたから、下はこれに従う道理だが、その実は上下とも永年の驕奢で、大くたびれにくたびれてるところから、倹約もよく行われたのです。

この風俗取締りにつきまして、今日まで依然として、その善政を伝えられましたのは、銭湯に男女《なんにょ》入れ込み（混浴）を禁じられたのです。それは寛政三年（一七九一）三月です。

また町入用《まちにゅうよう》に節倹を申し付けまして、従来費用の三分を積金

(20)させまして、今日で申す備荒貯蓄《びこうちょちく》と申しまして、籾蔵《もみぐら》を建てさせまして、飢饉その他天変時疫《じえき》等の手当を用意させました。

また幕府も九代、十代両将軍の治世は財政紊《みだ》れ、経済も立ちかねましたが、寛政の節倹はたちまちにその効を奏しまして、軍用金として黄金《おうごん》の大分銅《だいふんどう》(21)を五個まで造られました。一個の目方は四十一貫目余です。

しかるに越中殿は補佐の職にいること、わずかに七年で、寛政五年(一七九三)にその職を退きました。この事につきまして種々の説がありますが、私が聞いておりますところは、奥向きへ倹約を施そうとして御台所《みだいどころ》はじめ、それに付添う老女・中老などの面々が不承知で、ことに将軍家もこの時すでに二十二歳ですから、補佐の越中を煙たく思し召すおり、奥の女どもに煽られ、以前ほどの信任が無くなりました。越中殿の家老吉村又右衛門と申す者と、側《そば》儒者の広瀬台八と申す者が、常に顧問に備わっていたのです。この両人が、功成り名遂げて身退くと申すは、身を保つの良法だといさめ申して、御本人にはまだ充

(20) **三分積金** 七分積金のことであろう。町入用を節約して、その節減額の十分の七を備荒貯蓄に充てるものである。寛政三年十二月発令。

(21) **黄金の大分銅** 非常に備えて鋳造し貯蔵した大金塊。分銅の形をしているが、通貨ではない。豊臣秀吉が作り、徳川に伝わる。四十一貫目は、約百五十四キログラム、今日の金相場(一グラム千三百円として)では二億円ほどになる。

御寿命紐
（『名作歌舞伎全集』より）

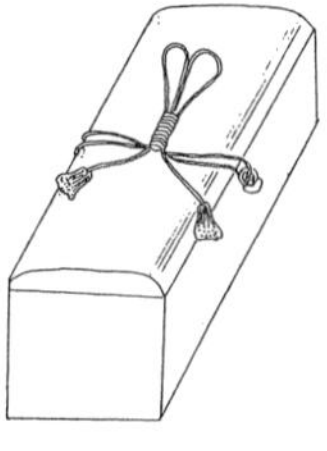

御寿命紐
（加賀文庫「結記」より）

分引退の意なきうちに、退職を願わせたと申すことです。この事は亡父（大槻磐渓《ばんけい》）の話です。後また二十年で隠居いたされまして、楽翁《らくおう》と号します、後々までも名高いお方です。

　この大奥の事につきまして、御寿命紐《ごじゅみょうひも》（22）と申す話がありますからざっと申しましょう。御本丸の大奥御右筆《ごゆうひつ》から出ます文箱《ふばこ》は、総《ふさ》の付いた紐で幾巻きも巻きます。その紐はフクサ糸（23）で打ちまして、長さは九尺、太さは一寸ほどです。随分無用のように思われます。それゆえに越中

（22）**御寿命紐**　「結記（むすびのき）」（宝暦十四年、伊勢貞丈著）に、手箱の結び方の記述と図がある。「手箱の緒結びよう、封結と言う結びなり。手箱の結びは一筋なり。長さ七尺、両方に総あり。ふたの上をこして、両方の環へふさを通して、ふたの上にて結ぶなり。結びよう上につのの

殿がこの奥向きの改革を申込みます時に、この文箱の紐の長きなどが、倹約の趣意に適いませんなどと、ごく手近《てみぢか》な例に引きましたところが、老女が、この紐は御寿命紐と申しまして、上（将軍）の御寿命の長かれと祝しまするものであります。無用の倹約のと、これを短くあそばす思し召しは、上の御寿命をも縮めよと仰せらるる御心にかと、一本きめこんだそうです。この難問にさすがの越中先生も、それこそ当てが外れまして、奥の改革は、とても容易なことでは出来ぬと考えられて、そのまま引き取られたと申すことを聞いています。こんな塩梅ですから、この倹約の改革は、奥女中が大不同でありましたから、自然に将軍にもかれこれ申し上げ、ついに賢明なる良相もその職を退くことになりました。まことに残念です。

　この越中守定信朝臣が退職の後、寛政九年（一七九七）に筆記されし「退閑雑記《たいかんざつき》」という書に、この頃の衣服の事しるしてあります。

　今の世は風俗華やかならず、清らかなることを好む、明けぼの絞り（24）とて、紫または紅にてほのぼのと絞りあげ

ごとくわなを二つ出してそのわなをいくつも巻きて置くなり。その巻き数を、いくつとこころ覚えをして巻き置くゆえ、外の人ほどきて結び直せば、数違うなり。封を付けたるも同じ心なるゆえ、封結というなり。」

　歌舞伎「鏡山旧錦絵」では長い紐のついた文箱が使われる。二人の男が、侍女の持つ文箱を奪おうと左右から襲いかかり、紐を引きつつ左右に開く見せ場である（157頁の図）。額田巌著『ひも』（一九八六、法政大学出版局）によれば、この紐の長さは七尺五寸あるという。ただし御寿命紐という呼称はない。また『古事類苑・文学部三』（明治二

し縮緬《ちりめん》などを持てはやす。その前に板じめ(25)とて、白い模様を出して、紅や紫、萌黄《もえぎ》(26)などに染めしもの流行りたり。紅梅織《こうばいおり》(27)、山繭織《やままゆおり》(28)などいうものも行なわれぬ。又女の帯なんどには、綺羅《きら》めきわたりたる金糸などあるは嫌いて、カベチョロ(29)と名つけて縮緬の糸にて織りいでたるが、金糸も多くあれど、華やかならず、清うなる様なれば、今ことにもてあそぶなり。二重緞子《どんす》(30)、桃山織《ももやまおり》(31)などいうも、もっぱら行なわれぬ、十年程前は、簪《かんざし》なんども、玳瑁《たいまい》にて希代《きだい》の細工を尽くしたり。一つかんざしを五両六両にて求め得るなり。彼《か》の禁ぜられて今はその頃ほどにはあらず。

この文に華やかと清らかと並べまして、寛政の改革の前と後とを評してありますので、その時の様子が良うく分かります。すべて安永・天明の風俗は派手づくりで、今日で申すケバケバしきを賞美しました。しかるに寛政となりますと、地味で高等なることを好みました。前の雑記の中に、女の着物の模様のことを記しまして、

十九年初版、神宮司庁編)の「文箱」の項には、「祝言器物」から次の記述が抜粋されている。

「 大文ばこ
金銀のかながい、なし地、村なし地等好みによるべし。長サ一尺二寸七分、横二寸九分ばかり、中ふくらにすべし、両の端にて横二寸八分ばかり。ふた高サ一寸九分、山高サ六分、打ちきせふたなり。ふくろ金入り、板の物類、唐織などを用う、絵図のごとし、《図略》緒真紅四ツ打ち、太サ九分、長サ一尺九寸五分、房四寸三分。袋緒同太サ六分、長サ八尺《尺は恐らく寸の誤りか》房三寸八分」

残念ながら図略となってい

今はフキ模様(32)とて、裾のフキにいささか模様つけたるが多し。

とありますより見ますと、裾模様・裏模様なども、模様柄《がら》が大きく派手で、このフキにのみ小さく散らしたる模様は、サッパリとして、殊勝に見える。やはり清らかの口です。又堆朱染《ついしゅぞめ》(33)という衣服も、寛政中に流行りましたとありますが、まだよく調べません。

さて寛政も過ぎ、享和は三年(一八〇三)で、この年代に手《て》拭《ぬぐい》を初めて江戸で染めましたそうです。これまではすべて大阪からの下り手拭を用いましたのです。

エエ、さて文化と年号が変りまして、太平の夢を破りました事があります。それは何です。あのロシア人が蝦夷地《えぞち》へ参りまして、乱暴しました騒動です。三年(一八〇六)九月の事で、翌年の四月に江戸へ知れまして、仙台・会津はじめ、奥羽の諸大名に兵を出させますやらで、島原一揆の後は、百七十年も軍《いくさ》などと申すことは無かったのですから、上も下も大驚ろきの最中、八月十五日に深川八幡の祭礼がありました。永代橋の中ほ

る。『古事類苑』の編纂者は、袋绪の長さ八尺を疑問視して、尺は寸の誤りかと注記している。

(23) **フクサ糸** 「ふくさ」は、ふっくらと柔らかいさま[文]。また、柔らかい絹をいう。ふくさ糸は、そのような糸をいうか。

(24) **明けぼの絞り** 曙の空に似せた紫または紅の仕上げは、「曙染」として江戸前期の寛文年代から伝わっており、又「曙色」も伝統色として伝わっている(色票番号24)。

(25) **板じめ** 模様を彫った薄板で絹・木綿を固く挟み、模様を白く染め抜くこと。またその染物。白い部分に染色がにじみ出て一種

どが折れまして、多人数落ちまして、溺死千五百人と申す騒ぎが、目の前に起こりました。(34)

おち死と討死するは江戸と蝦夷、えぞは函館えどは箱崎と申す落首を耳に聞いています。

羽織の弁

ウウ、余談はさし置きまして、この頃に手柄岡持《てがらのおかもち》という狂歌に名のある人の、「羽織の弁」という戯文があります。その時代を見るべきものでありますから、ちょっと読みましょう。

十徳《じっとく》(35)は裃《かみしも》の弟にして八徳(36)の兄なり。羽織は袴の弟にして道服《どうふく》(37)の兄なるべし。大宮人の道行《みちゆき》ぶり(38)ちょう(という)ものも、羽織とは御乳《おち》兄弟にてましますらめ、袴着ぬ折りしもは、羽織も礼服に数《かず》まえ(数え)られて、炎暑に耐えかぬる時といえども、羽織着ぬは非礼《ひれい》ぞするものから、傾城、客に対して言うていわく「もし、どなたも羽織おとんなんし(お脱ぎなさい)」と、これ礼なり。礼服にあらずんば、いかでかこの言葉を出ださん。

の趣がある。[江]

(26) **萌黄** 萌え出た若葉のような、冴えた黄緑色。色票番号133。

(27) **紅梅織** 紅梅は勾配・高配とも書く。太い糸を一定間隔で縞状・格子状に織り込み、その部分を浮き上がらせて太縞模様をあらわした織物。この太い糸を勾配糸という。[文]

(28) **山繭織** 野生の蚕から産する絹糸を用いた織物。この糸は「甚だ強くして染色を受けず」という。[言]

(29) **カベチョロ** 壁著羅。「絹布の、縮みたる如き文あるもの(元は舶来のもの、壁色の鎖服(チョロケン)の略にてもあらんか)」[言] チョロケンの説明は「チャ

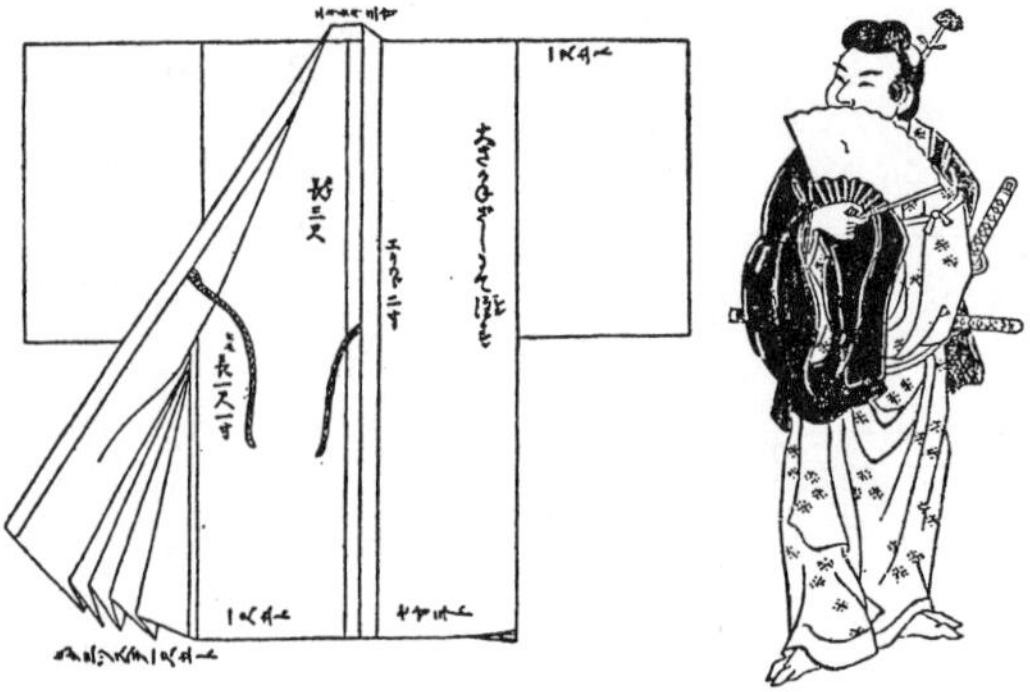

十徳
（瓦礫雑考）

およそ羽織の長き短きは、流行に従うといえども　蝙蝠《かわほり》羽織《はおり》(39)の行なわるる時も、押《おさえ》の羽織(40)は地を引くを度（限度）とす。左の裾《すそ》は刀の柄に掛かるといえども、右の裾は如時《いつ》も犬の糞をなめなめぞ行くめる（行くようだ）。いずれ田舎人の羽織は、何処《どこ》に

ウル（インドの国名）絹（ケン）の訛りにてもあるか。絹布の類。初めオランダ・広東より来たれり、改機に似て襟文（もくのもん）あり。鎖服」とある〔言〕。さらに「カイキ」を調べると語源は外来語説と甲斐絹の略の両説がある。甲斐の郡内の職人が国産品を織り出したことから、甲斐絹や郡内の名が生ずる。〔言〕〔文〕

(30) **二重緞子**　緞子の一種。緞子の模様の周囲を他の色の糸で織りあらわし、あたかも縁どりしたように見せかけたもの。（日本国語大辞典）

(31) **桃山織**　不詳。

(32) **フキ模様**　袘（138頁

ても短かければにや、戯場《しばい》の庄屋どのの羽織は、座しても足の裏の見ゆるを規矩《きく》（標準）とせりとなん、大谷馬十《おおたにばじゅう》（41）は言いき。また、陣羽織《じんばおり》（42）となりては、虫干しのおりおり顔を見するのみにして、樟脳《しょうのう》くさきものと覚えたるこそ、有難き御代にぞあんなる。されども治世に乱を忘れぬ稽古事の看板に、打裂《ぶっさき》（43）ちょう物ありて、冬は木綿に古き熨斗《のし》目《め》（44）を裏とし、夏は半晒《はんざらし》の藍さびめきたる最も多し。臣たるもの縮緬、羽二重を着て、従い行くといえども、君たる人さらに恥ずる色なし。もし打裂羽織のかく行なわれぬ時ならば、主人は業《ごう》を半晒し（45）なるべし。

押（行列の最後尾）
（周延画、部分、マスプロ美術館蔵）

の注参照）に置かれた模様をいう。

（33）**堆朱染**　朱漆を塗り重ねたものを堆朱といい、これから文様を彫り表す彫漆をも堆朱というが、堆朱染は不詳。

（34）**永代橋の事故**　大田南畝著「夢の憂橋」に、この事故の詳述あり（中央公論社刊『燕石十種』に収録）。

（35）**十徳**　外衣の一種。直綴からなまった名。羽織に似ているが腰から下に襞をとってある。中世から用いられていたが、江戸期後半は僧・医師・儒者・絵師・茶道の宗匠が用いた。［文］

（36）**八徳**　胴服に同じ（十徳に似たれば言うと

菖蒲革染
（合巻時代加賀実）

熨斗目
（合巻時代加賀実）

打裂羽織
（黄表紙御慰忠臣蔵之攷）

ぞ）［言］。俳人や画工などが着た胴着。十徳に似て、やや品位が下がるための名という（広辞苑）。

（37）**道服**　第二談49頁参照

（38）**道行ぶり**　道行振、道行に同じ。もと鷹匠合羽で男子用だったものが、忠臣蔵のお軽、勘平の道行（駆落ち）に、お軽が勘平の鷹匠合羽を着用したのに始まり、女性用となった。［文］

（39）**蝙蝠羽織**　第二談49頁参照

（40）**押の羽織**　押とは後押（あとおさえ）。166頁にも説明あり。大名行列の最後を警護する供まわり。行列を拝見する者が「どなた

また近きころ中人以下専ら用ゆる袖なし羽織は、多く菖蒲《しょうぶ》革染《かわぞめ》（46）を用いて寒さを禦《ふせ》ぐことは、袖あり羽織に異なることとなし。しかも手を働かすに便よく、また節倹の趣意にも叶えり。女の羽織着たるは、もしやそれかといわた帯（47）の、つつましきが隠すに宜《よろ》し。

ここに羽織と称して衣服にあらず、人倫《じんりん》なすもの（48）一種あり、これこれ何ぞや、深川の芸者よ、この羽織、客にも女郎にも良き調子を、合わせ羽織なりといえども、面《つら》の皮の厚きことは八反《はったん》かけ（49）の綿入羽織の如く、情の薄きことは選糸《せんじ》（50）の単羽織《ひとえはおり》の如し、憎むべきものか。た

短い羽織

（合巻桜荘子後日文談）

様か」と尋ねると、後押えが「何々の守様ア」と声を長く引いて答える。川柳「跡おさへまたぐらのある羽織を着」（背割羽織の裾長につき）。［江］

また『徳川盛世録』（市岡正一著、平凡社東洋文庫）には「押（おさえ）袴着用図」とともに次の記述あり。「押は足軽（今、卒という）なり。三千石以上（役人は二千石高以上芙蓉之間席）よりこれを召連る。下供（中間・小者）を支配す。五千石以上は両押と称し両人を具し、五千石未満は一人を具す。これを片押という。持高三千石以上および両番頭・大目付・三卿家老等の押は袴を著し、その他

だ愛すべきは人倫離れし衣服の羽織なるべし。銘にいわく
「通なるかな羽織。粋《すい》なるかな羽折。寒暖に従って進退すみやかなり。独行《どくこう》の急雨《きゆうう》に巻きて懐《ふところ》にすべく、閑居の静雪《せいせつ》に二つ重ぬるも可なり、よく人に交わって、しかも礼を備う。貧乏かくしの名、もとより仁に近し、厳《げん》なる時は隠れ、和《か》なる時は現わる。ふうわりと風を含んで、もっとも命ながし。

暑き日はひらりと巻いて奥津《おきつ》風《かぜ》(51)寒い時にはちょいと着なせい。」

この岡持の本名は、平沢平格《へいかく》で、佐竹侯（秋田藩主）の御留守居役を勤めてる人です。この数々の羽織の中に、押《おさえ》の長羽織とありますは、昔、大名の行列に、一番の末に後押《あとおさえ》と申す者が付きます。その者の羽織は、背割《せわり》羽織で地べたを引きずりそうなものでした。

エエ、羽織の長短は、前々も申しましたし、この文中にもあります通りで、時々の流行は、定まりの無いものですが、文化中に一種、前下がりの無い、短いのが流行ったそうです。(52)


は袴を著さず尻端折なり。羽織は木綿にして多くは黒または紺色を用う。背に大なる紋（その家の記号なり）一個を染め出し、長きことほとんど足の甲に至る」

(41) **大谷馬十**　歌舞伎俳優、初代大谷徳次。

(42) **陣羽織**　具足羽織・陣胴服ともいう。戦国武士が陣中で鎧の上に着た。一般には袖無し、武将の用いたものは、絹・羅紗などにて作り刺繍などにて飾る。[文][言]

(43) **打裂**　打裂羽織、背割羽織の略称。背縫いが背筋から下は縫い合わされていない羽織。武士の帯刀・乗馬に適する。[江]

エエ、「甲子夜話《こうしやわ》」に、宝暦以後は、世の中遊惰《ゆうだ》に成りたれど、芝居の女形《おんながた》は、歴々の奥方や御息女達《ごそくじょたち》の体《てい》を学んで、舞台で狂言したが、今はその歴々の奥様もお嬢様も役者の真似をして人中《ひとなか》に恥ともせず、誇り顔でいるは、苦々しき事だとあります。この記事も文化初年の事です。

この時は七代目団十郎を始めと致しまして、五代目の杜若《とじゃく》半四郎だの、三代目の仙女路考《せんじょろこう》だの、宗十郎、幸四郎、田之助など、名人の役者揃えでした。

それですから、女どもはてんでんに、ひいきびいきで、そのひいきな役者の紋を、銀簪《ぎんかん》に彫り付ける事が、たいそう流行しました。その起こりは大次郎という飾り師が、宗珉《そうみん》の一輪牡丹(53)の真似をしまして、銀簪に彫りましたので、団十郎が牡丹の紋を用いましたところを当て込みましたのが、大当たりに当りまして、世の中一般の流行となったと申すことです。この時は頭に櫛笄《くしこうがい》と、簪《かんざし》は前《まえ》ざし後《うしろ》ざしなど、二本も三本もさすのが流行りました。

そこでこの時には女の髷に、島田《しまだ》崩《くず》しと申しますが、大層は

(44) **熨斗目**　男子礼服の小袖に用いる。経は生糸、緯は練り糸による平織り。この織り方を練緯というが、その縮みを「しじら」といい、縮まないのを「熨斗目」といった。全体に黒色・紺色糸ながら腰にあたる部分は白の縞に織りだす。これを腰明または腰替りという。江戸期の武家礼装の裃の下は熨斗目小袖とされていた。［守］［言］［文］

(45) **業を半晒し**　恥さらし。

(46) **菖蒲革染**　地を青または萌黄に、模様を白く染め抜くもの。また菖蒲革染の羽織・袴。名のもとは、一輪の花をつけた菖蒲の一株をかたどった

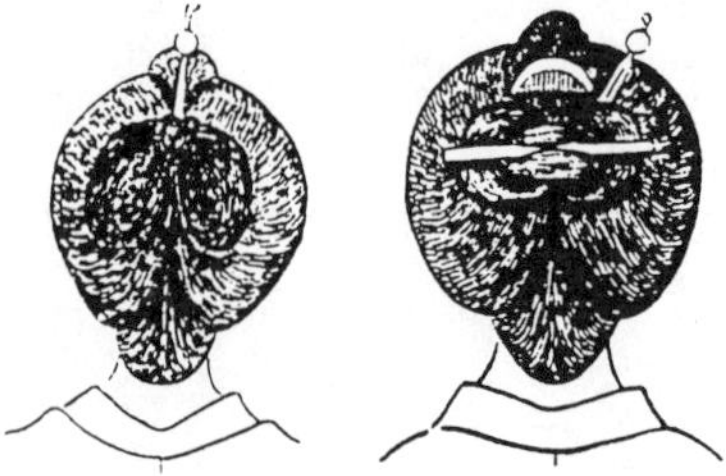

天神髷（左）と割唐子（右）（『江戸結髪史』より）

鬢さし（左）と髱ざし（右）（当世かもし雛形）

江戸後期の髪型
上から、つぶし島田、高島田、勝山髷、吹く髷
（都風俗化粧伝）

やりました。もっともごく生真面目の家では、やはり丸髷《まるまげ》と島田でしたが、少し粋《いき》だとか、当世風だとか、また派手を売る商売屋では、みんな島田くずしに結ったもんで、その他には、割《わり》唐子《からこ》(54)だの、天神髷《てんじんまげ》(55)というのも結いました。

女の髪の事も少しく申したい。延享の頃より髱《たぼ》ざしと申すものが行なわれまして、今の西洋風の錨《いかり》のような恰好で、髪の後ろの出張りを大きくいたしました。又鬢《びん》さしは宝暦中より行なわれましたもので、弓のような物で、両の鬢を左右へこれも張り出させますものです。何れも鯨髭《くじら》また鼈甲《べっこう》などで拵えました。この品々を用いて髪を結いますことは、六、七十年も続きまして、女の髪を結いますのには、是非無ければならぬようになっていましたが、文化の末から文政へかけまして、鬢さしも髱ざしも無くって結

髱

鬢

文様で、平安時代の甲冑の革所に染めあらわされたによる。[江][文]

(47) **いわた帯** 『大言海』では斎肌帯の意で発音「いわだ」とし、『貞丈雑記』では結肌帯を略して「ゆはだ帯」としている。妊娠した婦人が五カ月目に腹に巻く布帛。

(48) **人倫なすもの** (衣服ではない、羽織とあだ名された) 人類。

(49) **八反かけ** 八反掛。上等の八丈縞。黄色の地に綾のある縞織物。一反の価格が紬の八反に相当するのでこの名があるという。[江]

(50) **選糸** 撰糸とも書く。羽二重の類。加賀・美濃・

うことになりました。これも一つの変化です。

　エエ、その鬢さし髱ざしの無くって結います髪を、グルリオトシと申します。またオトシバラとも申しました。清元の浄瑠璃「かさね」の文句に、

　帯のやの字を前だれに、針打《はりうち》やめておとしばら、駒下駄はいて歩いたら、まことにまことに嬉しかろ。


とあります。このオトシバラ(56)とは何のこったと、ある人に問われた事がありました。その節にあちこち聞き合せまして、グルリオトシと同じ事と知れまして、鬢《びん》、髱《たぼ》に取りました右左と、後ろの髪《け》を、一緒に根《ね》へ結び付けます結いようです。また、やの字は竪《たて》やの字で、大名のお小姓などの結びます帯で、針打は前に申した高髷島田《たかまげしまだ》で、文金《ぶんきん》の事です。屋敷者を止《や》めて、町の風になると申す文意です。菊五郎のかさねに、団十郎の与右衛門で、文政六年(一八二三)森田座の夏狂言です。

　ここに今申した、ごく生真面目というにつき、一つお話があります。エエ、あの三谷三九郎(57)という豪家《ごうか》がありましたろう、明治の初年にも盛んでしたが、その後は微禄《びろく》(没落)し

丹後から産出する薄手の絹織物。[江]

(51) **奥津風**　沖津風(沖を吹く風)と同義か。『万葉集』巻十五「海原に、浮寝せむ夜は、沖津風、痛くな吹きそ、妹もあらなくに」を引用したものか、不詳。

(52) **羽織の長短**　この後、明治初期には書生の長羽織が流行する。「明治五年版『新聞雑誌』第七十号に、都下の異風変態を図し、『散髪ザンギリニテ書生羽織ヲ着ス』の挿絵あり(左の図)。ほとんど袴の裾と同長にて、足の甲の隠るるほど長き羽織を示せり」(石井研堂著『明治事物起原』)

ました。この家は旧家《きゆうけ》ですから、昔からの作法を守った家で、ちょうど文化ごろだそうです。ある相当の所から、嫁をもらいました。その嫁の里《さと》は別段旧格《きゆうかく》などを守る家でもなかったか、世の風の移り変りに従いまして、その時々の物を着たり被ったりしました。すると三谷へ縁付きました花嫁さんが、雨中に外出をすることとあって、合羽《かつぱ》を着ようとした。ところが三谷の家では先祖以来、女は合羽を着ない、大形の浴衣《ゆかた》を外被《うわつぱり》に着るのが、家の仕法《しほう》だと申して、着せなかったそうです。その後になりまして、またこの嫁御《よめご》が長襦袢《ながじゆばん》を拵えたいと申し出たところが、これも家法にない、ことに長襦袢などは、賤しき勤めをする者の着るもので、素人の堅い家では、半襦袢に腰巻と別々に着るものといって、これも不同意いう者が多かった。しかるに一人の番頭が、世の中は変るもので、あながちに昔風で、今の若い女中を責むるものではあるまいと、中ズミ（中央）を採って腰巻二つぶりの布地《きれじ》を求めて、そのお嫁様の思し召しに任せるといった事があったそうです。

　この話によりますと、売人などの着ます長襦袢を、素人衆が

(53) **宗珉の一輪牡丹**　横谷宗珉。江戸中期の装剣金工家。寛文十〜享保十八年。紀伊國屋文左衛門の依頼で製した一輪牡丹の目貫は傑作として有名。

(54) **割唐子**　婦女の髪型。「この髷には髷の中、姨は浅黄、処女には緋鹿の子ちりめんを用ふ」［守］

(55) **天神髷**　銀杏返しに似て、髻（もとどり）に髪を巻き中央より縦に簪などで留めたもの。［江］

(56) **オトシバラ**　「髻を解かず、鬢さしを抜き去りて、鬢の張りたるが

着ましたも、やはり安永・天明からでしょう。そうしまして浴衣《ゆかた》を外被《うわつぱり》にしますことは、雨合羽には、はやく用いませんけれど、旅行には後々までも用いましたし、煤掃《すすは》きには女は必ず浴衣を上っ張りにしました。また近火の時の逃げ支度にも、必ず着るものにしました。

さて、とかく話が横へまいりますが、肝心の着物です。前に申したフキ模様、次に黒地へ黒糸で裾に縫模様をすることが、流行ったそうです。また伊予染(58)と申して、伊予簾《すだれ》の染模様が流行しました。それから半四郎鹿子《はんしろうかのこ》(59)と申しまして麻《あさ》の葉絞りがはやりましたに、またまた路考茶《ろこうちゃ》が行なわれました。

帯、オタイコ結びの流行

ここに帯の結びにも路考結、また路考やの字とも申す結びようが行なわれます。この路考結は、二代目路考が世話女房で、以前結んだことのある帯の風でしたが、その時分は世の中で、帯を結ぶことに、あまり心付《こころづ》きが無い時分でしたから、誰もそのように騒がないところが、寛政の改革以後は、前にも述べま

忽ちに落ち低くなりて、ばらりとする故の名なり。」[守]

(57) **三谷三九郎** 江戸期の豪商。初期には大阪の鴻池に匹敵し、金融界における東西の両雄といわれた。中期以後大名貸しを行なって発展。明治維新後没落。

(58) **伊予染** 伊予簾を二枚重ねて透かした時に見える、木目のような模様に染めたもの。[江]

(59) **半四郎鹿子** 麻の葉模様の絞り鹿子。五代目岩井半四郎が用いたのでいう。[江]

した通り、男でも女でも、働け稼げという人気に、一旦成りましたから、帯を結ぶという事に心が付きまして、この路考が何かの狂言の時、家に伝えました路考結をいたしまして、世に行なわれましたのです。

　もとより帯は結んでいるものですが、あの水木結の流行から、結んだ余りが二尺ばかり下がる訳で、その下がるのが当たり前となっているのです。この下げ帯は後ろで結んだ余りが、一枚の方をカケと申します。一枚の方は二つ折りで上から下がるのをタレと申します。このタレとカケとで、また結ぶのです。この結んだ形が、平仮名のやの字のように見えるから、やの字結びと申します。

　この、やの字結びのほかにオタイコと申す結び方が追い追い行なわれました。その子細は文化の末年から文政の初めへかけまして、中年増《ちゅうどしま》の帯が、またまた後ろへ廻りました。すると、や

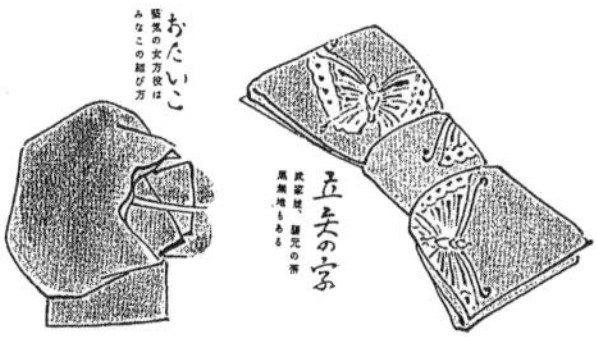

オタイコ（左）とやの字結び（右）
（『歌舞伎　衣裳と扮装』より）

の字を緩く結びますことになりました。カケの方ばかり横へ出まして、タレの輪のところは、外へ出ない結び方となりまして、帯止《おびどめ》と申します丸打ちの紐で、後ろから前へ締めて、ずらないように止めます。それゆえに、やの字をヒンダシ結《むすび》と唱え、オタイコを片結《かたむすび》と唱えます。やの字はカケとタレとを左右へ引き出して結びます。ヒンダシは引き出しの訛《なま》りです。

さて、このオタイコと名に付きましたのに、ひとつの御物語《おんものがた》りがございます。七年前でした、私が四方梅彦《よものうめひこ》(60)と「近世女風俗考」(61)と申す書物のことにつきまして、さまざまな雑談の中に梅彦老人申しますのに、女が結ぶオタイコという帯は、亀戸天神の太鼓橋が出来た時に、江戸の人が珍しがって、一渡りに出かける者が、その当座毎日何百何千という人数で、一時は市中一般の話し草となったことがあった。その頃からこの帯の結び様が始まって太鼓に結ぶといったのが、オタイコと唱えることになったのだ。これは師匠種彦《たねひこ》(62)から聞き伝えた話しだと、申されました。なるほど守り袋(63)を帯の間へ通しまして、少し上へ高く背負いあげますから、帯の間が空きま

(60) **四方梅彦**　幕末〜明治前期の戯作者、解説221頁参照。

(61) **近世女風俗考**　解説221頁参照。

(62) **種彦**　柳亭種彦、江戸後期の戯作者。

(63) **守り袋**　守り札を入れて携帯する袋で、携える

す、今なら帯の間に穴が出来るから、トンネル結びとでも名付けるでしょうが、横から見ました太鼓橋のようになるところから、太鼓に結ぶと申したことと存じます。

そこで、今度この着物の移り変わりをしゃべりますにつきまして、この事を思い出しましたから、亀戸の太鼓橋は、いつ何《なん》時《どき》出来たろう拵えたろうと、武江年表や何か探したところが分からない、何でも文化文政の境《さかい》だと、友達にも聞き合わせたが、誰も明らかな返答がない。そこで天神様へ出かけ、社掌《しゃしょう》さんの比良木《ひらき》というお方にお目にかかり、一部始終お物語りをしましたが、社の記録には何にも覚えがない。はて、お気の毒と首を傾けられておられたが、ややありまして擬宝珠《ぎぼし》に年号が彫り付けてあったようだと、言われましたから、すぐに駆けて橋の袂へまいり、

守袋
（近世女風俗考）

か帯に下げるのが一般的であるが、ここでは近世女風俗考に図示されている「胸守」（上図）が記述に当てはまる。

欄干の擬宝珠（64）を検査しましたところが、ありましたともありましたとも、ちゃんとありました。

寛文二年二月二十五日造　文化十四年十一月吉日再造

この再造の時に、江戸中が珍しがって見物した。その時にこのオタイコの帯の結びが、世の中に流行ったのです。文化文政の境と思ったが、ちょうど真ん中で、文化は十四年ぎりで、十五年は文政元年（一八一八）と変るのです。何でも老人達に聞いたことを、よく記憶しておくと、まさかの時には、こういうような功を奏します。

さて、これから帯地のことにつきまして、これも記憶しているところに、少しく愚案を加えてお話しましょう。

この頃の帯は、厚板《あついた》と申すのが流行しました。これは前に申す上州桐生で、京都の糸錦《いとにしき》を模擬《もぎ》しまして織り出しましたので、昔の厚板の称を、厚き板としまして、厚地の固織物《かたおりもの》です。色も種々、模様も様々です。丸帯は勿論で、天鵞絨《ビロード》を取り合せまして、腹合わせの帯が大層に流行しました。また続いて本国織《ほんごくおり》（65）と申すが出来ました。これも昔の名称を用いましたが、

（64）**擬宝珠**　亀戸天満宮は戦災に遇い、その後、この擬宝珠は所在不明となっている。

（65）**本国織**　第三談（86

織り方は本国寺《ほんごくじ》に鴛鴦切《おしどりぎれ》と申す名物帛《きれ》があります。その織り具合に織りたてまして、本国織と申したのかと思われます。厚板より糸が太うございまして、少しザクツク気味合いです。

さてまた、この帯の幅です。太鼓がだんだんと大太鼓になりますと、幅が狭くちゃあみっともないとか、乙《おつ》（味なこと）でないとか、贅《ぜい》（無駄ごと）を申しまして、尺五分《しゃくごぶ》と唱えます帯が有るようになりました。帯地を鯨尺の二尺一寸に織らせまして、縫い代をとりまして、一尺五分に仕立てあげるんです。寛永ごろの二寸五分から見ますと、四層倍《しそうばい》たっぷりです。なんと大した違いではありませんか。しかし二百年に四倍ですから、平均にしますと一年に四厘ずつ伸びた割合です。アハハハハハ。

底いたりと御召縮緬

さて、第一談に男帯の事を、ちょっと申しましたが、その後は男帯のことを述べません。しゃべれないのではありません。その実は分からないのです。愚考には黒繻子《くろしゅす》であったろうと思います。中以下の人は、今日も同じことで、小倉木綿でしょう。

頁）とは別ものである。

博多帯
（合巻薄俤幻日記）

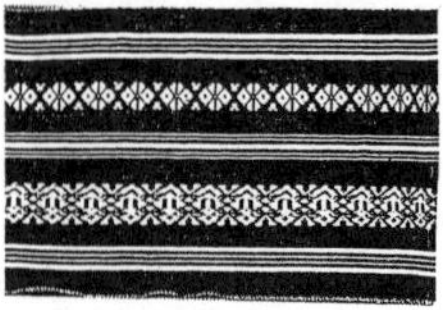
独鈷つなぎ模様
（著者所蔵）

エエ、博多《はかた》織《おり》(66)は、慶長中（一五九六〜一六一五）、筑前博多に、彦三郎と申す織物師が、織り出しまして、時の領主黒田侯に献上しました。これより博多織と申す帯地が出来ましたが、黒田家よりは毎年幕府に献上しました。その模様は独鈷《とっこ》(67)つなぎの浮き模様を、竪《たて》に縞のごとく通しましたものです。今もその法を守ってる事は、皆様ご存じの通り、しかし品の少ない、値《あたい》の高いものですから、誰も彼も締めるということは出来なかったに相違ありません。

ところが文政の初年から、例の桐生で博多織の模造が出来ましてから、江戸の男は争ってこれを締めることになりました。

(66) **博多織**　絹織の帯地。経糸が緯糸を包んでいる経畝織りで、横方向に畝がでて、帯としての締りがよい。これに縞を入れ、独鈷華皿とよぶ浮き文を織り出している。[文]

(67) **独鈷**　仏具。手杵の形をしていて、両端が尖っている。

天保には八王子でも博多織を織り出しまして、幅広《はばひろ》に織りまして、女帯にも締め始めました。紺博多《こんはかた》が本家《ほんか》で、独鈷の織り模様は、献上の品ですから、献上博多と申しましたより、色が違っても独鈷のあるを茶献上《ちゃけんじょう》などと申しました。その外白《しろ》博多・緋《ひ》博多など、様々な品がドシドシ出来て、男も女も締めましたは文政中頃より天保へかけて、最も盛んになったのです。

すべて桐生の織物は、値が安いから品が悪い、とても本場の京織《きょうおり》・博多織《はかたおり》には及びもないが、本物は良いには良いが、丸《まる》シキ（銭）がタント（どっさり）で、猫も杓子も買って着るという事は出来ない。ところで何かちょっと本物に世の人に賞美される品があると、直ぐに桐生で織り出す。品がたくさんにあるので、流行るというはいちじるしき道理で、寛政の改革より三十年も経《へ》ましたから、世の中はだんだん贅沢になりましたが、安永、天明のごとく綺羅《きら》びやかなものは、やはり流行しませんで、「底《そこ》いたり」(68)と申す、人の目に付かぬところへ気を入れ金を使いますのが、この文化、文政の驕奢で、費用の高から見ますと余計なのです。

(68) **底いたり** 表は、無地の紋付にて、裏に模様を染むるなど、表より見えぬ部ほど、なお精巧にすること

さて、この時の将軍は、のちに文恭院殿と申す御方（十一代、家斉《いえなり》）で、なかなか驕りも奢り、御子供が五十何人あるというので、その奥向きの事は思いやられます。しかし松平定信朝臣の、補佐の職を罷《や》めました後は、その推挙にて老中になっておりました松平伊豆守信明が政《まつりごと》を執りまして、前後二十八カ年の間は、この人の処置に出ましたから、世の中はまことに静謐でありました。文化十四年（一八一七）八月に伊豆守が卒去《そつきょ》（死去）されますと、かねがね御寵愛されております側用人の水野出羽守忠成が、老中格となってすぐ勝手掛りとなり、翌年は文政元年で、伊豆守は本役閣老《ほんやくかくろう》となりました(69)。

この勝手掛りと申しますは、老中上座の者がつかさどりますもので、今日申す大蔵大臣、国家の財政をつかさどるのです。伊豆守が在職中に、金銀改造の事を勘定方《かんじょうかた》より申し立てた事もあったそうですが、伊豆守は不承知で金銀の性《しょう》を悪くして、費用を足《たら》させるは、天下の恥辱である。政治さえ行き届けば、金銀などはどうともなると、申して承知しなかったが、出羽守が勝手掛りになりますと、直ぐに金の二分判《にぶばん》を造りまして、二枚

と。「武野燭談」に、延宝の頃、江戸の石川六兵衛と云う奢り者の女房「黒羽二重に立木の南天の染小袖、云々、よく見れば、南天の実は、珊瑚珠を砕き、ひしと縫い付けさせける、底いたりに、云々」[言]

(69) **伊豆守は本役閣老となり**　伊豆守は誤り、正しくは出羽守。

で一両（70）と申す通用にさせました。この金銀改造の時は、なかなかその係の者は甘い汁が吸えるものです。

さあ、この水出羽《みずでわ》が金権を握りますことになりますと、世の風俗が大変に乱れまして賄賂が行なわれました。田沼の時と同じようで、ことに家老に土方縫殿助《ひじかたぬいのすけ》（71）と申す者があった。大変な欲張りで金の顔さえ見せれば、どんな無理な事でも法にはずれた仕事でも許すと申すので、その権勢と申すものは、大がいな（並でない）ものだったそうです。ある夜、何者のいたずらだか水野の表門へ「土方縫殿助家来水野出羽守」と張り紙をしたそうです。主人よりか土方へ遣い物をしなければ、何事も用が運ばなかったと申す権幕《けんまく》でありましたそうです。

さて、お話が将軍家の御身《おみ》の上になりますが、この家斉将軍は、衣食遊楽の驕《おご》りばかりでなく、ご身分の事にもなかなか驕りに長じたと申してもようございます。その子細は徳川十五代は申すに及ばず、征夷大将軍始まって以来、類のなき事をなされました。それはなんです、将軍現職で太政大臣《だじょうだいじん》になられたのです、文政十年（一八二七）です。東照公（家康）も台徳公（秀

（70）二枚で一両　一両は四分、四進法なので。（66・199頁参照）

（71）土方縫殿助　「水野（出羽守）は政務に当たりても常に謙虚の態度に出て、人に請託せらるれば一々これを指揮せるより人望も多く、金子もしたがって彼の手に落ちき。（中略）主人出羽守も土方には頭の上がらぬことあり、重大なる事件を水野より将軍に上申せしに、その事は縫殿助に諮りしかといわれしという」（三上参次著『江戸時代史』）

忠）も太政大臣になられたが、将軍職の退職後です。常憲公（綱吉）、有徳公（吉宗）ともに御治世は三十年ですが、官は右大臣です。先例にも旧格《きゅうかく》にも無いことです。

そこで、将軍の衣冠《いかん》の事につきまして、一言したいことがあるんです。それはこういう一件です。東照公が幕府を江戸に建てられました時、武家と公家とはまったく違ったものとなされまして、御衣冠の事も、大礼《たいれい》の束帯《そくたい》は別にして、その他は武家の服は、狩衣《かりぎぬ》に止《とど》めて置かれました。いったい京都では、大臣になると、直衣《のうし》を召すが正式で、それに繁紋《しげもん》の冠《かんむり》と申して、小さな紋を織り出した冠をかぶるのです。徳川将軍、代々大臣以上ですが、東照公の御遺法を守られて、直衣、繁紋はお一人も召されなかった。しかるに文恭公は大相国《たいしょうこく》（太政大臣）となられたより、家に例なき、いな例に背いて、直衣、繁紋を召されました。この事は世間にあまり伝わらぬ事ですが、もう故人になりました坂田《さかた》諸遠《もろとお》という老人（72）が、故実家《こじつか》の松岡（73）から伝聞しているが、何ぞの折があったら、書物に留めて後世へ伝えたいと、私に一度成らず、二度も三度も話されましたか

（72）**坂田諸遠**　江戸末期から明治時代（一八一〇／一一〜九七）の、筑前秋月藩士。

ら、これも着物の移り変りに違いないから、坂田老人の志を継ぎまして、お話致す次第です。

　も一つこの将軍から、世の中に行なわれました着物があります。それは何です、御《お》召縮緬《めしちりめん》(74)と申すものです。昔から縞《しま》縮緬《ちりめん》と申すものがありまして、高貴の方々の御《お》常服《つねふく》にしましたが、この品は縮緬とは申せ、いたって平らな品で、縮緬らしくないものです。それゆえに通常《あたりまえ》に縮緬と申して、シボ(75)の立てる縮緬の織り方で、縞に織らせられて、この将軍は常に召されたから、御召縮緬と申します。色は御《お》納戸《なんど》(76)と申して濃い浅葱《あさぎ》色《いろ》で、白い万筋《まんすじ》(77)の縞です、縞ではありますが、二《に》分《ぶ》おきぐらいに、横筋がはいりますから、格子になっている

直衣

（『古典参考資料図集』より）

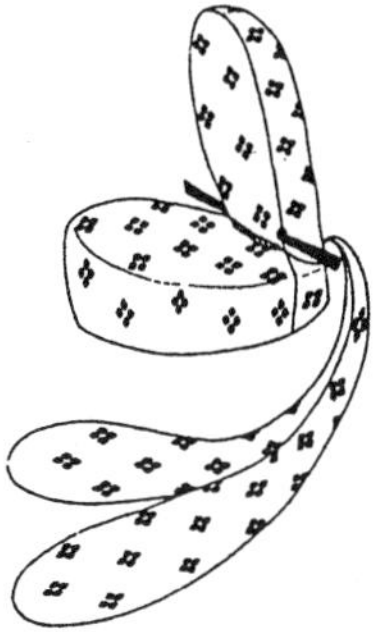

繁紋の冠

（『国史大辞典』より）

(73) **松岡**　松岡明義（一八二六～九〇）。江戸末期から明治時代の有職故実家。有馬家江戸屋敷に仕えた。

(74) **御召縮緬**　糸の段階で精練し、先染めしたのち織り上げた先練り織物の代表的なもの。縮緬は生地に織り上げたのち精練するが、御召では織る前に精練が行なわれるので、しぼの状態と風合いが異なってくる。[文]

(75) **シボ**　縮緬・御召などの織物の表面にあらわれる波状や粒状の凹凸をいう。しぼは光の加減で様々な表情をあらわす。[文]

(76) **御納戸**　（色）藍色よりも青がちで、やや暗い。緑みの濃い青。色票番号171。

のです。この縞は御止縞《おとめしま》と申して、他の者が着ることは勿論、織ることもなりませんのです。

ところが例の桐生で、御召縮緬に擬《ぎ》しまして、格子なしの紺地に藍縞、茶縞、鼠縞の千筋・万筋などを、織り出しました。御召縞縮緬と申すものは、幅が一尺三寸のものでしたが、この御召縮緬は並《なみ》の絹布の幅九寸五分に織りました。天保の初年です。この時は桐生では緞子《どんす》・壁著羅《かべちょろ》・紋紗綾《もんさや》など、種々の織物が自在自由に出来ます。ただし繻珍《しゅちん》は織りませんそうです。

さてまた、この頃からしまして、高砂染《たかさござめ》と申すものが流行りだしました。この高砂染と申しますは、全体播州《ばんしゅう》の産物です。霰小紋《あられこもん》(78)の上へ、松と熊手を大模様に染めましたのが本家《ほんか》です。この染め方は二度染で、なかなか手がかかります。天保となりますと、江戸の人気は贅沢の上にも贅沢をする風ですから、何でも手がこんで、値の高いのを自慢にしたのですから、この高砂染の如く二重染なぞは、大の気に入りましたものです。しこうしてその流行らせ始めは、七代目の団十郎です、天保四年(一八三三)だと思います。何でも表裏《おもてうら》の忠臣蔵をしました

(77) **万筋・千筋** 縞柄の一種。細かい縦縞で、縞糸と地糸それぞれ四本おきに織り出したのが千筋、それより細かな二本おきの織りが万筋。[文]

(78) **霰小紋** 霰のような点々を一面に染め出した小紋柄。

時、七段目の由良之助の下着《したぎ》に、団十先生、播州を当て込みに、この高砂染を着ました。すると今申すいやに贅沢がった世の中で、あれは好いあれは渋いとか、何とか、理屈をつけて、一般の流行り物となりましたそうです。今日では紺屋《こうや》は二度染にする事を、すべて高砂染と申しているそうです。

高砂染の型紙
（提供：姫路市書写の里・美術工芸館）

また帯に小柳《こやなぎ》（79）と申すものも、この頃の流行と思われます。この小柳と申すは、発明人の苗字ではありません。これには、またまたひとつの物語があるんです、その謂《い》われと言っぱ、こうです。豊前中津の十万石で、奥平侯の留守居役に小柳の何某と申す武士がありまして、その人が最初西《にし》

（79）**小柳**　経緯に絹糸を使った八枚繻子で、帯地・半襟・力士の褌等に用いる。本文とは別に、当時の人気力士「小柳」が用いたからとの説もある。［文］［江］

陣《じん》へ注文して、繻子《しゅす》で綾《あや》を織らせまして、深川の芸者、そら、前の羽織の弁に悪く言ってあります、人倫の羽織芸者に与えました。ところが大層に行なわれまして、最初の人が小柳さんから貰ったと、申しましてから、誰いうとなく、小柳小柳ともてはやされまして、とうとうこの綾繻子の名が、小柳となったんだそうです。これは竺仙《ちくせん》老人（80）の話です。

（80）竺仙老人　第七談214頁参照。

江戸留守居役の弊風

エエ、この留守居と申しますものは、その始めは主人在国中の江戸留守居ですが、公辺《こうへん》の用を取り扱いまして、外交官です、この当時は甚だしき全盛な遊興をしましたものです。大名は外《と》様《ざま》も譜代《ふだい》も、江戸の殿中に詰める間席《ませき》があります、外様の十万石以上は大広間で、以下は柳の間です。譜代の方は十万石以上はたいがい帝鑑《ていかん》之間で、以下三万石ぐらいまでは雁《がん》之間で、一、二万石の小大名は菊之間詰めです。

この間席間席で組合が立ちまして、その留守居役は同役《どうやく》同志の寄合《よりあい》がありまして、新参の者が古参の者に対しますは、君臣よりも厳重のもので、新規に留守居になりまして新役の披《ひ》露《ろう》いたします宴会などは、御職《おしょく》（同志の中の頭）の者の横柄《おうへい》で、威《い》張《ば》りますは実に面《つら》が憎いものだそうです。新参者は御職の人の贔屓《ひいき》にしている芸者にも手を下げ、頭を畳へすり付け挨拶するもので、武士たるものが芸者風情にほとんど土下座するんです。

この弊風《へいふう》（81）は一朝一夕の事ではありません、すでに徂徠《そらい》先生（82）も、政談にその弊風を論じて、「組合仲間で主人の物を遣って、酒宴遊興に耽り、公用を取扱うを鼻にかけ、主人をも困らせる事あり」とまで、論じてあります。

その弊風は年々増長しました。そこで寛政の改革の時に、厳重の達しがありまして、組合と申すことを解かせました。しかるに文政より天保へかけまして、再興どころか、以前にも増した驕奢です。田沼の時には、下に十八大通がありましたが、水《みず》出羽《でわ》の時には、この留守居連中の豪奢があります。帆《ほ》足万里《あしばんり》というは、豊後《ぶんご》日《ひ》出《で》侯《こう》の大儒先生です。『東潜夫《とうせんぷ》論《ろん》』（83）と申すにこの弊を書いてありますから、ちょっと読みます。

諸公の江戸留守居ほど、不埒なるものはなし、勤めと称し

（81）**留守居役の弊風**　『学海日録』（219頁参照）では、依田学海が佐倉藩留守居役在任中のこの弊風体験が憤りをこめて生々しく綴られている。また、雑誌『旧幕府』（明治三十年・第四号）には、古老（実は学海）の回顧談として、留守居役のすべてを説明する記事「御留守居交際」が残されている（白石良夫『最後の江戸留守居役』ちくま新書）。如電は学海との交友を通じて、学海の留守居役

てその徒《ともがら》、あいともに青楼に上がりて、主人の金を遣い捨てるなり、その古参という者は、白衣になりて妓女の間に偃臥《えんが》（腹ばいに臥す）し、新参はすこぶる大国の臣にても、年配の人にても、裃《かみしも》を着て次の間に侍座し、酒をも飲まぬなり。さて同じ諸侯の臣下なるに、何某《なにがし》はもはや裃を免《ゆる》す、羽織袴になるべしなどと、己が心のままに取扱う、無礼不法、云々、その問合せ（照会）の御勤めと称するものは、徂徠の政談に言いし如く、箸一本こけたるぐらいの事なり。なおその弊は政談に委しく、かつ世人のあまねく知るところなり、もっとも公儀よりも深くその弊を知らしめて、しばしば戒勅《かいちょく》（84）し給えど、その法良からねば、飯上の蠅を逐うが如し、直ぐに元の如くなるなり。よろしく新令を出して、永く諸侯の城使という役を止《や》め給うべし。事の軽重に従って、詰め合い（85）の家老用人を御城に出すべし、およそ留守居の病は、公儀より改め給わねば、諸侯の力にては、その臣下ながら、仕方なきものなり。

さて御留守居ばなしは、こんな事でよしにして、本文の衣服

体験は十分承知していたと察するが、本書では学海を紹介することなく、如電からは一世代前となる帆足万里（豊後日出藩士・漢学者・理学者）の著書『東潜夫論』を挙げて、幕政の弊風を抜粋し紹介している。

(82) 徂徠先生　荻生徂徠。江戸中期の儒者。

(83) 東潜夫論　日本（中国の東にある）の潜夫論の意味。『潜夫論』は中国の漢末に、時の政治を痛烈に批判した本で、潜夫とは、いわば地下運動者を意味する。藩閥政治に反発していた如電としては、『東潜夫論』の批判精神に共鳴するところが多かったと思われる（218頁参照、『東潜夫

にいたしましょう。文化文政の太平も、天保半ばとなりましては、もはや四十年近くとなりまして、人々は遊惰にのみ耽り、上《うえ》も下《した》も淫楽遊興《いんらくゆうきょう》に日を送るばかりですから、人心の腐敗は申すまでもなく、風俗は鄙猥《ひわい》になりまして、いやはやお話にもなりません。

まず着物にはオッコチ絞《しぼり》(86)が流行ります。帯はマゴトコ結《むすび》がはやります。オッコチと申す言葉は、男女相愛《あいあい》する事の深きを唱えますもので、深川言葉です。深川には昔より遊所《ゆうしょ》がござりまして、三十年このかた最も盛んです。互いに深みにはまり落ちると申す意より、オッコチと申すのです。その物は今日博多絞《はかたしぼり》と申しますもので、地の色と絞りの色とが、違うものです。それですから色絞《いろしぼり》と申したを、その色を女色《じょしょく》に転じて、オッコチ絞と申しましたのでしょう。随分といやな名目です。

またマゴトコ結と申しますは、帯のタレになります方を、少しばかり引き上げまして、垂れるべきタレが垂れないほどにいたした締め方で、引けば直ぐに帯が解けるという具合なのですから、かかる忌まわしき名に呼ぶのです。しかし豪気に意気が

論』は岩波文庫にある)。

(84) **戒勅** 戒飭とも書く、戒めつつしませること。

(85) **詰め合い** ともに同じ所に勤めていること。

(86) **オッコチ絞** 天保中流行した絞染。藍・鼠等の淡色地の所々に花形などを濃い紅・紺で絞り染めにしたもの。[江]

って締めたのです。

　こんな、口に言うも恥ずべき名目を、相当の身分柄の人々の、妻《さい》も娘も着たり、締めたり致したのですから、その時の人情も風俗も、嘆かわしさが思いやらるるではありませんか。徳川の衰運は実にこの時にありと申しても、よろしかろうと存じます。

第七談　天保、弘化、嘉永、安政、万延、文久、元治、慶応、およそ三十年（1）

天保の改革

さあ、いよいよ天保の改革となりました。この天保の改革と申しますは、今より五十八年前の事ですから、七十以上の老人は実地に知ってる事です。この号令は改革とも倹約とも申しません。御趣意御趣意《ごしゆいごしい》とのみ唱えました。

それは御触《おふれ》の書出しに「享保度仰せ出され候御趣意、ならびに寛政度厚き御趣意を以て、町々触れ渡し云々」とありまして、享保・寛政に倹約を守れと仰せ渡された、上《かみ》の御趣意を再び守れ、行なえと申すのが、今度の御趣意だと申すことで、今度は余程に厳しく触れられ、かつ厳重に行なわせたのです。十二代家慶《いえよし》公の将軍宣下《せんげ》（天保八年）あってから五年目です。

さて、この厳重の改革は、時の老中水野越前守忠邦が致したように誰も思って、その時の人もみんな水野を怨みました。しかし極《ごく》の底《そこ》（真相）は水野ではありませんことを、この頃にな

（1）およそ三十年　天保年間（一八三〇〜）から慶応年間（一八六五〜六八）

りまして私、聞きました、深く感じました。その話は次に致しましょう。

まず天保十二年（一八四二）五月に第一の町触《まちぶれ》（2）がありますが、二度目の十月の方（3）を読みましょう。

享保および寛政期に、町々へ達しておいた倹約の御触書に、違反することのないよう、先だって通達したところであるが、この御触れ文の内容につき、年数経過のため、その後御触書を発する事情も生じているので、このたびまた左の通り通達する。

一、手間がかかりすぎて役にたたない高値の菓子類、料理等は、今後製造禁止とする。これまで作ってきたものであっても禁止する。

一、能装束について、甚だしく結構（豪華）な高級品を見うけるので、今後は格下げの品を用いること。

一、破魔《はま》弓《ゆみ》、菖蒲刀《しょうぶかたな》、羽子《はご》板《いた》の類について、金・銀の金具ならびに金・銀箔は使用を禁ずる。

一、雛《ひな》人形、持遊《もてあそび》人形（4）の類は、八寸以上は製造禁止

（2）**天保十二年五月の町触**　幕末御触書集成四〇二六。

（3）**天保十二年十月の町触**　幕末御触書集成二〇。

（4）**持遊**　手にもって遊

とする。それ以下の物は、粗末な金入りの緞子類や装束は差し支えない。
一、雛道具には紋所《もんどころ》を付けるだけとし、梨子地《なしじ》はもちろん蒔絵《まきえ》による製法も禁止とする。
一、高値の鉢植物《はちうえもの》は、売買を停止させる。
一、煙管《きせる》そのほか手遊びの玩具同様の品に、金・銀を使用してならないのはもちろん、彫物《ほりもの》、象眼《ぞうがん》の類や蒔絵等を結構に施してはならない。
一、女性の衣類は、大げさな織物や刺繡による製造は禁止とする。刺繡に金糸等を使ったものでも、小袖表一着につき代価は銀三百匁(5)まで、染模様小袖表一着につき同百五十匁までとし、それより高価な品物の売買を禁止する。帷子《かたびら》も右に準ずる。
一、町人ども、みなみな華美《かび》の服飾をしないように致せ。今後町人どもは、男女ともに身分不相応な結構の衣服を着用するもの、また髪飾り等までも、大げさな品を用いている者があれば、組の者(町奉行配下の役人)が見付けしだぶ、おもちゃ。

(5) **銀三百目**　天保十三年の米価は、米一石が金一両強、銀では(相場の中間をとって)七十匁とみれば、銀三百目は金四両一歩強となる。

い当人の居所、名前等を職務質問し、町役人を付き添わせて町奉行所へ召し連れ、吟味（詮議）するので、そのように心得よ。

一、櫛《くし》・笄《こうがい》・簪《かんざし》等に、金の使用はもちろん禁止である。鼈甲《べっこう》も細工の施された高値の品の製作は停止し、櫛は代価が銀百匁まで、笄・簪も右に準じ、安価に製作すべし。なお、髷《まげ》結びにきれいな縮緬の高価な布きれを製すること、また女性用の履物や鼻緒等の高価な品の売買を禁止する。

右の趣旨は、享保および寛政期、ならびにその後も通達を発してきたところであるが、世の中は年々華美になり、各人が自らの身分をわきまえずに、立派さを競い合っていること、また外見は目立たないようにしながら、見えないところに金をかけた品々を、勝手に売買している者があると聞き及んでいる。取締りのきびしい手遊びの品ではないからといって、たびたびの禁令をその場だけのことと心得るため、結局なおざりになって、法律違反をしてしまうことは、不行き届きの極みである。

しかし、これまでのことは、格別の思し召しをもって、さかのぼっての処罰は行なわれないこととされた。このことを有り難く思い、今般、お上がご熱心に風俗の改善を仰せ出されたことを重く受けとめなければならない。

もっとも、これまでに仕入れして置いた品も有るだろうから、今年は猶予し、来年からは厳に停止とする。

この禁令に背く者があれば、役人を差し回して究明し、容赦なく厳しい処罰を申しつける。役人で、いいかげんな調べ方をしたり、あるいは道路上で通行人を捕らえて調べることは、決して致さない。もし、そのような役人がいたら、その者を留め置いて早々に訴え出られたい。

今後、贅沢で高価な品の製作を注文する者があれば、たとえ武家方からの注文であっても奉行所へ伺い、指図通りにすること。

右の趣旨は武家方に対しても発せられたことであるので、この旨町中に洩れなく通達致すべし。

かような長々しき町触れです。しかし触れ面を急には守れない。組の者とありますは、町奉行の与力《よりき》、同心《どうしん》（6）で、この者どもが年来威権を奮いまして、平生町人を酢だの蒟蒻《こんにゃく》だの（なんのかの）といじめました。この触れが出ましてから、平生の勢力に一層の力を加えました。鳥居甲斐守が町奉行になりまして、今日で言う大圧制（7）をきめこみました。町方の者は、上《かみ》への忠臣と、中には無理やくたいに（らちもなく）、咎人《とがにん》にしたのもあったそうです。ところから水越《みずえち》（水野越前守）が時の執政で、この改革を出しましたのですから、江戸中一般に水野一人を恨みました。

しかしそれは無実です。よってこの改革の起こりました原因を、ざっと述べとう存じます。風俗上は申すに及ばず、徳川幕府の政治上に大関係がありますから、十余年前に遡《さかのぼ》りまして説きますから、さよう思《おぼ》し召し下さい。

エエ、さて前談に申しました通り、文政元年（一八一八）に水野出羽守忠成《ただあきら》が老中になりまして、その家来の土方縫殿助が威権を振るいましてから、寛政、文化の善政、美風俗は、全く崩れまして、上下一般に驕奢になります。かてて加えて文恭公

（6）**与力、同心**　民政を司る町奉行の配下の役人、与力の下位が同心。

（7）**鳥居甲斐守の大圧制**　『江戸時代史』（三上参次著、講談社学術文庫）に次の記述あり。「かくのごとく幕府の改革するに当たりて、些末の事までも厳重にせしは、忠邦（水野越前守）の、かくせざれば根本的改革を断行する事あたわずとなし、反対を受くるはもとより覚悟したるところにして、忠邦の意志より出でし事なれども、南町奉行の鳥居耀蔵のこれを助長せしことはその大原因なり。（中略）鳥居は前

が太政大臣になられた時の費用は実に莫大なことと聞いていま
す。

水出羽《みずでわ》は天保五年（一八三四）七十一歳で死にます。この人は驕奢であった余波《なごり》は、あの吾妻橋《あづまばし》の佐竹の庭（8）と申しますは、この出羽守が在職中に作りまして、将軍を招待して見せた事のある庭です。しかし自費は一文も出さないのです。みんな諸方から賄賂に取りました木石《ぼくせき》で、庭師までもそれぞれ賄い《まかない》(提供）ものです、その驕奢は思いやられましょう。

水野越前守は同族ではありますが、家は別です。出羽守は駿州沼津の城主、越前守は遠州浜松です。越前守が出羽守の後を承けまして、老中勝手掛りとなりましたところが、幕府の財政はいやはや、手も付けられぬように紊《みだ》れております。あの楽翁《らくおう》公が寛政に軍用金として、他の費用に用いるなかれと銘うった五個《いつつ》の大分銅《おおふんどう》も、すでに三個はつぶして、尋常の通用金と鋳《い》なおして使いましたぐらいで、幕府には準備金などは無いのです。

ここに成島図書頭司直《なるしまずしょのかみもとなお》と申す奥儒者がありました。十五年前

述のごとく、白河楽翁の最も親近なる林述斎の二男にして、才学あり、ことに吏事に通じ、才気溢るるがごとき人なりき。芝居の取締り、奢侈商人の取押え、風俗改良等、天保の改革につきてはこの鳥居の助力多きに居る。すこぶる敏腕家なりしかば、勢いに乗じてなしたる事もあり、したがって人に憎まれし事もはなはだしく、後大いに落魄せり」

（8）佐竹の庭　現墨田区役所の位置に秋田藩（佐竹氏）の下屋敷があった。

に亡くなりました、柳北《りゅうほく》先生（9）の祖父様《じいさま》です。この図書頭は家慶《いえよし》将軍が、まだ世子で西丸におられる頃より、御側へ出て始終四書六経の講釈いたされまして、その講釈の引《ひ》き事には、世の驕奢にして風俗の乱れていることを、嘆き嘆き述べられましたそうです。

この将軍慎徳公（家慶）は、御父様《おんちちさま》の華奢に似ず、はなはだ謹直の御性質でありましたから、成島が講義に深く心を留められまして、我が世にならん時には節倹を加え、世の中を質素の風俗に返さねばならぬと御覚悟があったんだそうです。

かくて天保八年（一八三七）に代替わりがありまして文恭公（十一代、家斉）は御隠居で大御所様と称しますし、家慶公は将軍となりまして公方《くぼう》様と申すことになりました。老中は首座《しゅざ》の越前守で、この越前殿はなかなか才知も学問もありまして、まず四代の時の松平伊豆守と同じ様な人物かと思われます。同族の出羽守に、見懲《みご》りしておりますから倹約して寛政度の財政に復し、また市中もその時代の風俗に引き戻さんとする料簡でありますから、いわゆる君臣合体しまして、なんでも質素の法令

（9）**柳北先生**　成島柳北。幕末の武士、漢詩人。維新後ジャーナリスト、朝野新聞社長。

を出さねばならぬと御治定《ごじじょう》がありました。

なお図書頭も、中より色々申しあげ、節倹の仕法は御自身より行なわせらるべしと申しあげ、お手廻りの事は万事質素で、文恭公の時分とは、まるで別なようだと申すことです。

金銀貨の改造と申す事は、本当にやりますと結構なことです。とかく正直な仕事でなく、混ぜ物をして員数を多くすると申すが末世の政略で、文政中には小判二分金を改造し、又一朱金・一朱銀を造りまして、天保になりますとさらに二朱金を造りました。それから天保通宝の当百銭《とうひゃくせん》を造りました。(10)

この将軍の代替わりの前年は、天下飢饉で下民《げみん》が騒ぎまして、翌（天保八）年二月は大阪に大塩平八郎の乱(11)がありました。この四月に今将軍（家慶）の世となりました。この年に五両判一分銀を造りまして、小判も吹き替えました、保字金です。一分銀は額《がく》の形ですから、額判《がくばん》・額銀《がくぎん》と申しました。

エエ、聞くところによりますと、この将軍は、かの軍用金の大分銅(12)が三個不足した事をひどく気にされまして、何でも寛政度の通り五個にしたいという意で、金銀貨のことを色々

(10) 江戸期の通貨について
江戸期の通貨には、金・銀・銅（銭）の貨幣があり、それぞれ別の単位により通用した。基本的には、金貨は一両＝四分、一分＝四朱の四進法であり、銀は重さ（匁）で、銅貨は一枚＝一文銭を単位としたが、相互の換算率は時代により変動

いじりました訳だと申すことです。

右の次第で、この翌年天保九年改革の第一令（13）を発しました。御旗本御家人の人々に申し渡したのです。その主意は外見に奢り、自ら勝手向き不如意《ふにょい》になり、武備の心掛けがおろそかになるから、質素にしろ、三年間厳重に倹約しろ、供連《ともづ》れの人数も省略しろ、粗服でも苦しくない、すべて無益《むやく》の費《ついえ》を省けと命じました。

しかし大御所（家斉）なお存生中は穏やかに触れましたが、天保十二年（一八四一）閏《うるう》正月薨去《こうきょ》になりますと、五月に断然風俗改革令を発しまして、次に前に申す十月の町触れとなりましたのです。

かかるいきさつですから、水野越前守が一己《いっこ》の我意《がい》でした訳ではありません。全く家慶将軍の意を承けて、これを行いましたです。その行い方が余りに激しいところから、上下《うえした》の人に遺恨を含まれ、長く老中の地位にもおれず、十四年閏九月に免職となりました。

さて、越前守がお役御免と申す事が、直ぐと江戸中へ知れ渡

があるうえ、江戸後期には一朱銀とか、一枚が百文に相当する銭などが現われた。

（11）**大塩平八郎の乱**　窮民救済と悪徳役人・豪商の排除のため、同志とともに反乱を起こしたが、鎮圧され平八郎は自殺した。

（12）**大分銅**　天秤（はかり）の分銅の形に鋳造した金塊。通貨ではなく、貯蔵して不時に備えるもの。秀吉が作ったものは、一個が金千枚分あったという。

（13）**天保九年改革第一号**　幕末御触書集成四〇一三。

った。すると市中の者はその夜に水野の役屋敷《やくやしき》へ石瓦《いしがわら》を投げ込みまして、大変な騒動で、なかなかバアジンの煙草店を打ち壊《こわ》した(14)どころではありません。アハハハハハ。

しかしこの改革に、後世まで市中の風俗を変じましたは、岡《おか》場所《ばしょ》を取り払いましたと、三芝居《さんしばい》を猿若町へ移したとの二つです。芝居は寛永の昔から堺町《さかいちょう》・葺屋町《ふきやちょう》に中村座・市村座、それから木挽町に河原崎座があったんです。それを浅草聖天町へ移して、新たに猿若町三丁を建てました。

ウウ、岡場所と申しますは、吉原以外の市中に遊女屋のある所を申します。岡と申すは岡目八目の岡で、今日でいう局外《きょくがい》です。遊女は吉原と品川・新宿等の四宿のほかは、公許はないのです。ところがその外に遊女を営業していますゆえ、これを岡場所と申すんです。この時は江戸中すべて十六カ所ありました。「岡場所考」(15)という書物があります。もっとも深川と唱えます所は、中町《なかちょう》・新地《しんじ》・石場《いしば》などと十一、二カ所に分かれております。それから芝・麻布・赤坂・根津・谷中・音羽・本所・浅草など諸方に在ったのです。それを残らず取り払わせました。

(14)バアジンの煙草店　明治三十年八月、煙草会社の村井兄弟商会が、バージン煙草の販売にあたり、富くじ類似の大景品を出すという宣伝で世間を騒がせ、打ち壊しに発展した。

(15)岡場所考　石橋貞真著、幕末刊。

遊里《いろざと》と申すものは、江戸府内には、新吉原一カ所となりました。大英断です。

唐桟の流行

さて、本文の衣服の上につきまして、著しき変遷を申そうなら、昔から袴地《はかまじ》にばかり用いておりました唐桟《とうざん》（16）が着物になったのです。絹布《けんぷ》は驕奢だ、綿布《めんぷ》を用いろという、それこそ御趣意ですが、奢り癖のついている者は、にわかに伊勢縞（17）も着られない。ところで誰が考えだしたか、今までは袴にホッキャ（だけしか）用いない唐桟を、着物に仕立てて着た、この桟留縞《さんとめしま》は木綿だから役人も小言が言えない。

桟留《さんどめ》とはインドのサントマースという所の産物で、いわば天竺木綿《じくもめん》（18）の縞なのです。厚手の綿布で、赤糸の縦縞を奥縞《おくしま》と唱え、浅葱縞を青手《あおて》と唱えます。昔からオランダ人が長崎へ持ち渡りまして、我が国では袴地として、古くより仕入れましたものです。それから京都でも織り出しました。京桟留《きょうさんどめ》と申しますのは、前談の初めに、老中が京桟留の袴云々と述べましたのは、

（16）唐桟・桟留縞・奥縞・京桟留・和桟留　縞木綿の一種。細番手で薄手の光沢ある広幅綿布。

（17）伊勢縞　伊勢の四日市地方から産する縞木綿。おもに商家で丁稚の仕着せに用いた。［江］

（18）天竺木綿　経緯とも太番手の単糸を使い、比較的粗い平織りにしたもの。袋物・風呂敷・敷布などに用いる。［文］

この品です。本物の桟留縞とは、無論劣りました品です。この京桟留をあるいは和桟留《わさんどめ》とも申します。外国品を、すべて唐物《とうぶつ》と唱えますより、インドの産物でも唐桟留と唱え、略して唐桟《とうざん》と唱え、京織りも従って京桟・和桟とのみ唱えます。

　エエ、名称の講釈は、止めとしまして、この唐桟は木綿だから差し支えないというところから、古渡《こわたり》と申して、昔渡って来た品が好いばかりでなく、品少なの変り物を求めることになりましたから、どこの呉服屋も、また唐物屋《とうぶつや》あるいはオランダ屋と唱え、長崎物を商う家々で、蔵の隅っこへ仕舞いおきました古物を担ぎだし、それが古渡唐桟《こわたりとうざん》と唱えて、結構な絹布よりも高い値に売れましたのです。

唐桟（著者所蔵）

　さて、天保も十五年（一八四

コクモチ
（座敷芸忠臣蔵）

四）の十二月に、弘化と改まりました。それゆえに弘化元年と申しますは、僅か十日間です。私はこの翌年の八月に生まれましたから天保十六年であります。なぜならば暦は前年十月に出来てしまうものですから、私の生まれ年の暦は、天保十六年と記してありましょう。どうです何も天保になりたがらずともよいが、どうも天保といった方が、幅が利くようです。アハハハハハ。

　さて、弘化から嘉永へかけまして、世の中で流行りました着物は、海老茶《えびちゃ》（19）と申す色です。これは八代目団十郎が、ある狂言の世話女房に、例のコクモチ（20）の着付で舞台へ出ま

（19）**海老茶**　伊勢海老の色に因んだ海老色の茶がか

した時に市川家の柿色へ、濃い目の黒味《くろみ》を帯びさせた色でありました。なにがさて、当時江戸八百八町の贔屓を一人で背負っていました八代目のことですから、この色が大流行で、十五、六から三十前ぐらいな婦人で海老茶の紋付を着ない者は無いのです。たいがい太織紬《ふとおりつむぎ》（21）などを染めまして、普段着にしました。紋所は銘々の紋で、市中の女はどこもかしこも、紋付の着物ならざるは無いという有様でありました。この茶の色を八代目茶とも団十郎茶とも申しました。この時は、なんでもかんでも八代目八代目で持ち切っていました。この如電入道も、恥ずかしながら、子供の時分、三升小紋《みますこもん》の袢を着せられたことがありました。八つ九つの頃でした。

　エエ、女の帯は紋付白襟《もんつきしろえり》と申す儀式の出で立ちには、繻珍緞《しっちんどん》子《す》とか、糸錦《いとにしき》とかの丸帯《まるおび》を締めるのが本式です。ですが、そのような品物を持てる人は上等です。中以下では持てなくっても恥ではありません。ところが天鵞絨《ビロード》の帯は、是非一本所持しておらなくちゃならぬようになっていました。ウウ、天鵞絨の帯を締めないのは、女の恥というくらいな事であるんです。こん

った色。暗い灰赤。色票番号22。

（20）コクモチ　黒餅・石持。紋どころの名。ただの白丸だけの紋。

（21）太織紬　太く粗い絹糸で織った紬。

な有様になって来ましたのは、いつ時分からだか分かりませんが、安永、天明ころから使って来たのだかも知れません、なお古いかも知れません。

ところが、文政の末のころよりしまして、ワナテン（22）と申すが流行りだしまして、女はまたこれを大層に欲しがりました。これは天鵞絨を織りましたままで、毛を鋏《はさ》みませんのです。織り込みました毛の輪穴《わな》が、そのままでいるのです。それゆえにワナテンと申します。ビロウドを天鵞絨と書きますものですから、上の字を字音に呼びまして、ナニテンカニテンと唱えましたのです。

しかるに、今度の御趣意で天鵞絨の帯は一旦しめることがならなくなったんです。するとそのお代わりに唐繻子《とうじゅす》と申すが流行りだしました。黒繻子で織り出しのところに、朱で浮模様に「如源《じょげん》」という印《いん》のあるのです。締めましたオタイコの下に、朱印が見えるようにするのです。もっぱら世に行なわれましたは、改革後のようです。今日まで引き続いて流行っております。今では白襟紋付の令夫人が、この黒繻子の丸帯を、御晴《おはれ》に締め

（22）ワナテン　天鵞絨（ビロード）の一種。針金を巻いて織りあげたのち、針金を抜くと糸が輪穴（わな）になるが、これを切らない輪穴のままのもの。［江］

ていらっしゃるが、慶応以前にはあまり上等の帯ではない。ただ意気がった時の流行り物でしたのです。唐桟の流行したころに、支那から多く持ち込んだものでしょう。

また、この時に一種、妙な染模様が流行りました。それ、六つ七つの子供に、手遊《おもちゃ》尽《づ》くしの裾模様を染めて着せたのです。今も親船《おやふね》の船頭衆《せんどうしゅ》が、ドテラ（23）にはおってる物です。色々の彩色で、ヒョットコの面だの、デンデン太鼓だのを染めたのです。これをその頃の田舎のべべと申しまして、天保の末から五、六年はやりました。

船頭衆のドテラ
（『万祝』より）

さて、嘉永となりますと、外国の事件がそろそろ起こりまして、二年（一八四九）五月に幕府では、老中はじめ三奉行、両目付、それから浦賀奉行、長崎奉行など、海防策を

（23）**ドテラ**　丹前の厚く大振りなもの。本来防寒用部屋着であるが、職人や町人の間で晴れ着としての用法が生じた。大漁祝いに漁師が着るものは万祝着と呼ばれている。

上《たてまつ》れとの命が下りました。これから人心がさらに一変しまして、少しく遊惰《ゆうだ》の夢を破りかけました。

時の老中は阿部伊勢守正広で、水野越前守の後を承けまして、勝手方《かってがた》でありましたこの人は、なかなか利口な人で、ずいぶん才略もありました。二十五で老中になりました。水野のやり方があまり激しいで、四民に怨みを買いましたから、公然ではないが、衣服その他の事に前々のようにやかましくは言わせませんん。それですからまたも元の絹布に返りまして、例の御召縮緬《おめしちりめん》が、またまた一般の流行となりまして、粋《いき》がる者は藍微塵《あいみじん》の御召で、通《つう》がる者は古渡唐桟《こわたりとうざん》で、負けず劣らずに着飾ったものです。

この藍の微塵縞《みじんじま》(24)は、実によく流行しました。それから安政となりまして、細格子《さいこうし》の碁盤縞《ごばんじま》(25)と申すが、一時ちょっと行なわれました単物地《ひとえものじ》でした。その時の流行歌に、

藍の微塵は、乞食も着るが、着せて見せたい、碁盤じま。

と申すがありました。この唄で藍微塵の流行は思いやられます。

エエ、糸織《いとおり》と申しますは、縒《よ》り糸を練《ね》り糸にいたしまして、

(24) **微塵縞** 細かい格子縞、微塵格子ともいう。経緯とも万筋のように二糸ずつで織った極小の格子で、点状に見えることからの呼称。[江][文]

(25) **碁盤縞** 碁盤の目の

織りましたもので、なかなか結構な品です。京織の品は高直《こうじき》（高値）な物でしたが、寛政中から米沢で織り始めました。ところが、安政の初めより八王子で織り出しましてから、大変に流行りだしまして、そのうちに藍の万筋縞《まんすじじま》が一層世人の愛しましたもので、アイマンアイマンともてはやしました。その勢いは藍微塵の御召を、押しつぶしました。もっともこの時には御召縮緬の値段がだんだん下落しまして、一反金三分で買える品が出来ましたから、下女・子守それこそ乞食までも御召を着られる。

　そうなりますと、自然と別に流行り物がまた出来る道理で、このアイマンの糸織が流行る訳柄です。それから続いて弁慶縞《べんけいじま》(26)が流行しました。藍弁慶・茶弁慶などなかなか流行りました。すると御召でも織り出しました。桐生の縮緬と、八王子の糸織とが競争です。しかし安政二年（一八

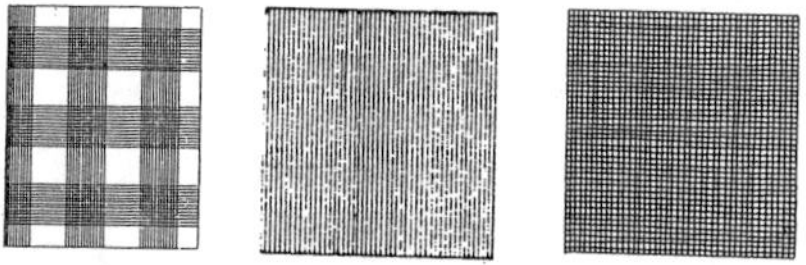

弁慶縞（左）、万筋（中）、微塵縞（右）
（『最新きもの用語辞典』より）

ような正方形の格子縞をいう。経緯とも等間隔の平織。［文］

(26) **弁慶縞**　格子縞の一種。弁慶格子ともいう。経緯ともに二種の色目を交互に用いた、太い棒縞の組合せで、男らしい柄という意

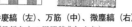

五五）十月には江戸に大地震《おおじしん》がござりまして、死人怪我人たくさんで、潰《つぶ》れ家《や》も多く、おまけにそこここから火事が出まして、大変に焼けました。そうして翌年八月大風雨で、またまた吹き潰された家もあり、怪我人もありまして、引き続きアメリカ人の参りまして例の攘夷など唱える武士浪人が、世にはびこりまして、世の中しだいに物騒がしくなりましたから、流行もこれと申して、際立ったものも覚えておりません。

されどこの外国交易が始まりまして、横浜へカナキン糸(27)がはいりましたから、その木綿糸の細きを利用しまして、桐生で綿緞子《めんどんす》だの、八王子で綿糸織《めんいとおり》だの、まことに器用で、お値段の安直な品が、世に現われました。

さて、武家は乗切《のりきり》登城と申して、今まで主人は駕籠に乗って、供勢《ともぜい》それ相当に連れて、お城へ出られましたのを、主人が馬に乗って登城するので、供連れもごくごく省略しまして、背割羽織《せわりはおり》、襠高袴《まちだかばかま》となりました。それですから式日のほかは、肩衣《かたぎぬ》を付けるにも及ばなくなりました。

エエ、文久二年（一八六二）に越前の春嶽公《しゅんがく》（福井藩主松平慶

味から弁慶と称した。［文］

(27) カナキン　金巾と書くが、ポルトガル語。堅くよった綿糸で経緯の密度をほぼ同等に織った平織り綿布。［文］

永）が、政事総裁職になりまして、諸大名の奥方を、みんな国に帰すようにしました。何がさて二百何十年、江戸に住まいました奥様たちが、国へまいりますで、なかなか騒ぎでした。が、みなみな国々へ引っ込みました。

すると、今までこの大名の奥女中の着料《きりょう》としまして仕込んでおいた、総模様、腰模様の綸子《りんず》や縮緬が不用の形となりまして、したがいまして値段も安く、世間へ売出しました。市中の婦人は物珍しいところから、これを下着また長襦袢に着まして、「御殿《ごてん》もの御殿もの」と、直鹿《ひったか》の子《こ》など、これも一時は、在り来りの品で流行り物のように行なわれました。

ここに足袋《たび》のことを申しましょう。安政中から、コハゼの沓《くつ》足袋《たび》(28)が行なわれます。この沓足袋と申すは、天保の中頃より、芝居《しばや》町には行なわれていたそうです。その子細は七代目団十郎は、隠居して海老蔵と申しました。この海老蔵が天保五年（一八三四）に、京・大阪から九州までまいりました。その折この沓足袋を長崎で見付けまして、物好きな人物ですから、翌年江戸へ帰りまして、葺屋町河岸に、佃屋《つくだや》と申します足袋屋

(28) **沓足袋**　くるぶしから下だけで、筒のない足袋。
(29) **白雲斎**　白の雲斎織りのこと。作州津山の人、雲斎が創製したという。厚地の綾木綿の一種、足袋底地として用いられる。［江］［文］
(30) **竺仙老人**　橋本仙之助。染呉服の老舗「竺仙」の創業者、江戸生れ。嘉永六年（一八五三）浅草にて創業。当初の屋号は「金屋」だが、「ちんちくりんの仙之助」と渾名されてい

がありまして、その店へ頼んで拵えさせたが、始まりだと申すことです。その時は朝鮮沓《くつ》と唱えたそうです。この一件ですから、芝居者はその頃から履いた者もありましたが、世の中へは出ないのです。

しかるに安政の地震後から、これも紐足袋は紐が解け易くて地震や火事の非常な場合には、不都合だとも言うところから起こりましたか、何だか分かりませんが、明暦の火事から女が髪を結い、帯を結ぶと言うような、同筆法ではありませんか。私が何でも十四、五と思います、少々生意気になりました頃、この沓足袋が履きたくって、一足買おうとしたところが、ある人に大変叱られました。職人などの履くもので、武士《さむらい》たる者の履くものでないと言われました。ところが今日となりますと、どこの足袋屋にも紐足袋はない。たまには誂《あつら》えられる事もあるそうですが、誰が履くと思し召す、監獄の差入れ物にホキャ（しか）、用いないそうです。四十年前は高位貴人は見むきもせず、中等の人さえ履かないものが、今日はアベコベで、獄中の罪人より（ほかには）履かないとは、さてさて世の中の変遷は不思

たため「竺仙」と名乗った。

(31) **石背老人** 旧桑名藩江戸詰の典医で代々玄策と称した医師、磐瀬玄策であろうか、確認できないが、ペンネームを「浅々」としていたようである。明治四十五年四月、春陽堂発行の『新小説』中の特設欄「浅草研究」に、幸堂得知の文に続いて、磐瀬浅々の「講演の芸妓と料理屋」が掲載されている。

(32) **幸堂老人** 幸堂得知。天保十四年（一八四三）江戸生れ、本名鈴木利平。江戸文学に通じ、小説・劇脚本・劇評などで活躍。大正二年（一九一三）没。

(33) **今の河竹** 河竹黙阿弥（明治二十六年没）の後

議なものです。

さて長々としゃべりましたが、別してしゃべりばえもしないようです。されど江戸時代三百年近《ぢか》の衣服の移り変わりは、おおよそこんなものです。なおよく調べたら面白い変化もありましょうが、急ぎの事ですから、足で止《あんよ》めましょう。しかし足袋にも一つあります。表を花色で、底裏《そこうら》を目《め》盲縞《くらじま》にしまして、裏紺《うらこん》と申したことがありました。これも七、八年前より、紺足袋の裏を白雲斎《しろうんさい》(29)にしました、裏白《うらじろ》と申します。やはり一つの変遷です。ある人が裏白は昔、八丁堀の町同心などが履いた物だと言いました。そんな事があったかも知れません。

如電謹んで申す。最初に一日くらいでしゃべると申したは、真っ赤な偽り、全くは四週間かかりました。筆を執りましたが、十一月二十二日で今日が十二月十九日で、稿を脱しました。

さて、友達と申すものは、有り難いもので、かかる短日数の間に、この長談義を致しますのも、友達の助けです。友達中に最も助けを得ましたは、三老人であります。第一が継者をさすか。

(34) **黒川博士**　文学博士黒川真頼。文政十二年(一八二九)江戸生れ。国学者。御歌所寄人・東京美術学校教授・文科大学教授など。明治三十九年(一九〇六)没。

(35) **福地桜痴**　福地源一郎。天保十二年(一八四一)長崎生れ。明治の代表的言論人。幕府派遣の渡欧経験から新聞人となり東京日日新聞社長、衆議院議員就任のほか小説・劇脚本・評論など多く、歌舞伎座を創設させた。明治三十九年(一九〇六)没。

(36) **中井敬所**　篆刻家。天保二年(一八三一)江戸生れ。国璽を刻したほか金

竺仙《ちくせん》老人（30）、第二が石背《せきせい》老人（31）、第三が幸堂《こうとう》老人（32）です。竺老はどなたもご存じの金屋竺仙で、贅沢な染物屋さんです。およそ染色品柄《そめいろしながら》などの事は十に六、七まで、この人に聞いたのです。

幸堂得知老人の劇神仙《げきしんせん》なる事は、世の知るところゆえ、芝居の事は一々相談の上です。そのうち一カ条、ついでがありましたから、今の河竹《かわたけ》（33）に問い合せました。すると一向分からぬ曖昧な返事で、驚きました。よって幸堂老へ問いますと、何年何月何座の狂言と、分明な返事、これも驚きました。

さて石背老人とは、殆ど三十年の交わりです。磐瀬《いわせ》と申すお医者様です。筆まめな方で、書留《かきどめ》がたくさんあって、そうしてよく様々な事を知ってる。それのみならず調べも行き届いていらっしゃるから、この人のお陰は全体に通して、大層な利益でした。このほかは黒川《くろかわ》博士（34）を始めとして、福地《ふくち》桜痴《おうち》（35）、中井《なかい》敬所《けいしょ》（36）、条野採菊《じょうのさいきく》（37）、富田《とみた》砂燕《さえん》（38）、坂野半什《さかのはんじゅう》（39）などの諸老、また前田、加藤

石書画の鑑定・印譜の編著など。明治四十二年（一九〇九）没。

（37）**条野採菊**　本名条野伝平、別号山々亭有人。天保三年（一八三二）江戸生れ。呉服屋の番頭から文筆家となる。福地源一郎とともに東京日日新聞を興し、明治十九年にはやまと新聞を経営するに至った。江戸末期から明治にかけて人情本等の著作多数。画家鏑木清方の父にあたる。明治三十五年（一九〇二）没。

（38）**富田砂燕**　好劇家。天保九年（一八三八）〜明治三十三年（一九〇〇）。通称堺屋利三郎。家は横浜の砂糖商、慶応年中フランスに行き帰国後貿易商を営

の諸子です。何を聞きにまいっても、みんな親切に話してくれまして、まことに嬉しゅうございました。その嬉しさの余りに、お礼心に一言こう書き留めて置きます。

明治三十一年十二月十九日

五十四歳　　白念坊如電シャベル

む。芝居を好み、観劇団体を作り劇評を書く等、明治初期の劇評家として活躍した。以上は『演劇百科大事典』（平凡社）の記述要旨であるが、実名・本業など不明な点が多い。渡仏は慶応三年パリ万博へ行ったものので、この時の体験談と航海日記を仮名垣魯文がうけて「西洋道中膝栗毛」が出来た。砂燕は同書第七編に序文を寄せて、この事を述べている。

(39) **坂野半什**　本名坂野久次郎、別号積善道人。文政十年（一八二七）江戸生れ。初め役者、芸名沢村沢平・沢村半十郎、のち劇評・劇の故実家・興行師。明治四十年（一九〇七）没。

解説

本書の原題名は「江戸の風俗衣服のうつりかはり」という、大槻如電《じょでん》の講演速記録である。講演は三越呉服店の依頼で明治三十一年（一八九八）十一月から十二月にかけ何度か行なわれ、その講義録が三越の広報誌『花衣』に掲載されて、明治三十二年正月、限られた少数の顧客に配布されたものである。

その後三十年ほど経てから、國學院大學内に設けられた江戸時代文化研究会（代表山崎麓）が、この講義録の重要性に着目して一般公開を企画し、承認を得て昭和四年から五年にかけて、同研究会の機関誌『江戸文化』に七回にわたり掲載された。

江戸期の風俗・衣服の変遷について、平易にかつ楽しく語っている本講義は、百年を経た今日にあってもなお新鮮で、好個の資料になると信ずるので、注釈と図版を補って編集したのが本書である。なお、編集にあたっては『江戸文化』掲載文を底本とし、『花衣』により校合した。

大槻如電
（提供：一関市立博物館）

大槻如電は、仙台藩の漢学者大槻磐渓の総領として、弘化二年（一八四五）江戸に生まれた。本名清修、通称修二、如電または如電坊と号した。祖父大槻玄沢（磐水）は蘭学者で「解体新書」の校訂で知られ、弟文彦は国語辞典『言海』の編著者という学者一家である。如電もまた和漢洋の学問に通じ、とくに雅楽から俗曲に至るまでの邦楽に造詣が深かった。明治五年以来文部省の「新撰字書」の編集に従事したが、同八年に弟文彦に家督を譲って隠居した。その理由は、戊辰戦争で父磐渓を国事犯とした藩閥政府に対する、敗者側の反発心がしからしめたという（山口昌男『「敗者」の精神史』岩波書店、一九九五年）。

自適の生活に入ってからも、一世の碩学として重んじられた。しかし一方では、自ら持すること高く、しばしば奇人扱いされた。明治三十八年十一月十二日付の新聞「日本」に、次のような記事がある。

「大槻如電は江戸っ子で博学で奇人で拗《す》ね者だということ、何人も知らぬものはないが、一体翁は俗人か坊主かということに就いては、大抵俗人と思って疑わぬであろう。ところが如電翁、実際は坊主で、今でも空也宗の僧籍に大槻如電の名は歴然として残

っている」（『新聞集成　明治編年史』第十二巻）

また、前掲『「敗者」の精神史』には次の談話が紹介されている。

「如電さんは、よく家に遊びにきました。親父（石井研堂）のほうも、時々は如電さんのところへ出かけていたようです。如電さんは顔に大きな白ナマズがあったため、白《はく》鯰坊《ねんぼう》と自称していました。奇人だとかいわれておりましたが、礼儀正しい方で、大変によい人でした。なにか、講演会などに出かけると、前に登壇した大学教授の話に対して、あとから、その誤っている個所を、講演の中で逐一指摘するんだそうで、とてもいやがられたとか聞いております。そんなことから、奇人扱いされたんじゃあないでしょうか」（山下恒夫著『石井研堂』）

如電が僧籍にあったということから、「如電」と号した背景を偲ぶことができるように思われる。「金剛般若波羅蜜経」の経文中にある「如露亦如電・応作如是観」の一節は、「あらゆる事物は、露や電光のようにはかないものであると観ずべし」と説いている（『佛教語大辞典』）。敗者としての境遇の中から、仏法の無常感に達して、自身の号を如電としたのではなかろうかと想像する。

如電は隠居後に依田学海の宅を頻繁に訪れていることが日記『学海日録』（岩波書店、一九九三年）で確認できる。依田学海（天保四～明治四十二年）は佐倉藩士で漢学にすぐれ、最後の江戸留守居役となる。維新を敗者として過ごした後は文部省に出仕し、その後は演劇評論・演劇改良運動家として著名になる。学海は、敗者として、また文化人として大槻父子と通ずるところがあるが、まさに日記によって両家の交流がわかる。

『学海日録』（安政三年・一八五六から明治三十四年・一九〇一までの四十五年間の記録）中には、「如電」の名が、明治十二年以降延べ五十九回（索引登載件数）でてくる。その中で、本書に関する記述のみ掲げておく。

明32・2・9（前略）如電、去年の十二月、三井呉服店より托せられて花衣といえる草紙のうちに、徳川時代衣服の沿革を講談の体にてものせりとかたられ、明日示すべしと約す。

明32・2・10　如電より花衣一巻を見せらる。これを一読す。考証つまびらかなり。凡そ七段として論じ、すべて幕府より人民の衣服につきたる法令をもと、して評を下せり。

本書186頁に江戸留守居役の弊風が述べられているが、如電は何故か目の前にいる学海を紹介していない。

こうして如電は昭和六年（一九三一）、八十五歳の生涯を閉じる。著書には評価の高い『舞楽図説』『俗曲の由来』のほか『東西年表』『洋学年表』などがある（『新撰大人名辞典』平凡社・一九三七年）。

如電は本講義録の最後に、資料収集等で世話になった十人ほどの名を挙げて謝意を表している。しかし、如電がまず第一に基礎資料としたのは生川正香著『近世女風俗考』であったろう。なぜならば如電の講義録の前半には、正香の女風俗考と符合する記述が随所に認められるからである。ただし如電は、正香の名も書名も出典として紹介することはなく、「或書に曰く」と述べるにとどまっている。（一度だけ、余談の形で174頁に書名が出てくる。）

生川正香は、幕末から明治前期にわたり活躍した国語学者である。文化元年（一八〇四）現三重県津市の薬屋に生まれ、俳諧・和歌・国語・風俗史等を学ぶ。一時期家業を継ぐが十年ほどで隠居し、研究・著作に専念する。明治二十三年（一八九〇）没、享年八十七歳。塚原鉄雄氏の研究によれば、生川正香の著作は数少なくなかったらしい（書名の記録されているものは二十五に及ぶ）が、刊行されたものは少なく、『近世男風俗考』を含む多くが散佚しているという。

『近世女風俗考』は、正香が出版を企図し、天保の末期江戸旅行に出た折に、交遊のあった柳亭種彦に稿本を託したのであったが、時期が合わず出版に至らぬまま稿本は種彦の弟子四方梅彦に移り、さらに人手を経て古書店に渡る。この経過は梅彦が雑談時に如電に語ったため、この本のすばらしさを含めて如電の記憶に止まる。

後年、如電は書肆東陽堂にてこの本の伝写本を見、主人に木版での出版を勧めた結果、正香没後の明治二十八年（一八九五）に出版が実現した。如電自ら序文を書き、梅彦の序文も添えて、生川正香遺稿『近世女風俗考』は東陽堂から発行されるに至った。（昭和二

年『日本随筆大成』第一期巻二所収。昭和五十四年には塚原鉄雄氏の解説による影印本が和泉書院から刊行されている）

如電と東陽堂とは、その前から関係があった。明治二十二年に東陽堂が月刊誌『風俗画報』（今日では貴重な風俗史資料と評価されている）を創刊した際の主要執筆者に如電が入っていること、社友と紹介されていること等により確認できる。

『近世女風俗考』と「江戸の風俗衣服のうつりかはり」とは、ともに江戸期の風俗の変遷を述べているが、記述要領は対照的である。すなわち正香の『近世女風俗考』は、髪型や衣服などの種類毎に多くの史料を洗い出して綿密に考証し、すべて出典を明示したうえ、絵図を多く添えて編集されており、今後に通ずる貴重な学術史料と評価しうる。一方、如電の「江戸の風俗衣服のうつりかはり」は、一般人を相手とする講演の速記録であるから、面白くて理解しやすいことに留意しながら、江戸時代を改革の時期毎に区分するというユニークな手法をもって、各期毎の要点を適切に伝えるよう構成されており、風俗史・服飾史入門書また一般教養書として絶好の本であると評価することが出来よう。

参考文献

本書の編纂にあたって、参考とした主な資料、引用させて頂いた原資料は次のとおりである（順不同）。なお、古典籍の翻刻本および明治以降の刊本などで、数次にわたり刊行されたものについては、利用の便を考慮して最新のものを掲げた。

『近世女風俗考』生川正香、明治28年（『和泉書院影印叢刊』『日本随筆大成』所収）
「瓦礫雑考」喜多村信節、文政元年（『日本随筆大成』所収）
「嬉遊笑覧」喜多村信節、文政13年（『日本随筆大成』所収）
「退閑雑記」松平定信、寛政6年（『日本随筆大成』所収）
「近世奇跡考」岩瀬醒（山東京伝）、文化元年（『日本随筆大成』所収）
「骨董集」岩瀬醒（山東京伝）、文化10年（『日本随筆大成』所収）
「世事百談」山崎美成、天保14年（『日本随筆大成』所収）
「守貞漫稿（近世風俗志）」喜田川守貞、嘉永6年（岩波文庫、『日本随筆大成』所収）
「歴世女装考」岩瀬百樹（山東京山）、安政2年（『日本随筆大成』所収）
「歴世服飾考」田中尚房、明治26年（『故実叢書』所収）
「貞丈雑記」伊勢貞丈、弘化3年（『故実叢書』所収）

「安斎随筆」伊勢貞丈（安斎）、江戸中期（『故実叢書』所収）
「結記」伊勢貞丈、東京都立中央図書館蔵
「紫の一本」戸田茂睡、天和以前～（『戸田茂睡全集』所収）
「都風俗化粧伝」佐山半七丸、文化10年

＊

『図説 日本服装史』谷信一著、昭和22年、銀書院
『日本服飾史要』江馬務著、昭和57年（『江馬務著作集第二巻』所収、中央公論社）
『日本結髪全史』江馬務著、昭和51年（『江馬務著作集第四巻』所収、中央公論社）
『江戸結髪史』金沢康隆著、昭和36年、青蛙房
『古典参考資料図集』國學院高等学校、昭和63年
『江戸・東京風俗史料』岡本昆石著・鈴木棠三編、平成3年、秋山書店
『江戸風俗図絵』黒川真道編、平成5年、柏美術出版
『風俗画報』明治22年～、東陽堂
『明治事物起原』石井研堂著、明治41年（ちくま学芸文庫所収）
『江戸語の辞典』前田勇編、昭和54年、講談社学術文庫
『服装大百科事典』昭和44年、文化出版局
『最新きもの用語辞典』昭和58年、文化服装学院出版局
『きもの用語大辞典』昭和54年、主婦と生活社

『日本家紋総鑑』平成5年、角川書店
『国史大辞典』昭和54〜平成9年、吉川弘文館
『日本の伝統色』長崎盛輝著、平成8年、京都書院
『江戸時代史』三上参次、昭和19年（講談社学術文庫所収）
『古事類苑』明治29年、神宮司庁（昭和54年、吉川弘文館）
『演劇百科大事典』平凡社
『随筆辞典』柴田宵曲編、昭和54年、東京堂出版
『江戸会誌』明治23年、博文館
『広文庫』大正5年（昭和51年、名著普及会）
『大言海』昭和9年、冨山房
『日本国語大辞典』昭和47年、小学館
『徳川禁令考』昭和36年、創文社
『御触書集成（寛保・宝暦・天保）』昭和33年、岩波書店
『結うこころ 日本髪は語る』昭和56年、ポーラ文化研究所
『男達のこだわり』平成2年、ポーラ文化研究所
『最後の江戸留守居役』白石良夫著、平成8年、ちくま新書
『学海日録』依田学海著、平成5年、岩波書店
『「敗者」の精神史』山口昌男著、平成7年、岩波書店
『幕末明治 女百話』平成9年、岩波文庫

『女方 歌舞伎のヒロインたち』昭和63年、朝日新聞社
『歌舞伎 衣裳と扮装』昭和32年、講談社
『歌舞伎の衣裳』昭和49年、婦人画報社
『名作歌舞伎全集』昭和44年、東京創元社
「芝居版画等図録」昭和54年〜、国立劇場
写真集『万祝』平成4年、岩崎美術社
「四季模様諸礼絵鑑」天和年間、三井文庫蔵
「雛形音羽滝」元文2年、三井文庫蔵
「花衣」明治32年、三越呉服店、三井文庫蔵
「高砂染模様抜粋」姫路市書写の里・美術工芸館提供
浮世絵「江戸自慢程好仕入・ほぐぞめ」国芳、たばこと塩の博物館発行絵はがき
浮世絵「青楼四季十二華形 京街二丁目 大ひしや内三つ花」清長(『原色浮世絵大百科事典』所収、大修館書店)
浮世絵「芸妓図」国直、(『日本の浮世絵美術館』所収、角川書店)
浮世絵「松竹梅湯島掛額」芳年(『原色浮世絵大百科事典』所収、大修館書店)
錦絵「江戸の花子供遊び」芳虎、安政5年、消防博物館蔵
錦絵「明治廿一年四月十日奠都三十年祝賀会余興行列之図」周延、マスプロ美術館蔵
合巻「薄紫宇治曙」嘉永4年、著者蔵
合巻「薄俤幻日記」安政6年、著者蔵

合巻「時代加賀実」元治元年、著者蔵
合巻「桜荘子後日文談」文久2年、著者蔵
合巻「金草鞋」文化10年（『江戸戯作文庫』所収、河出書房新社）
合巻「朧月猫の草紙」弘化2年（『江戸戯作文庫』所収、河出書房新社）
合巻「鬼児島名誉仇討」文化5年（『江戸戯作文庫』所収、河出書房新社）
黄表紙「金々先生栄花夢」安永8年（『日本名著全集』所収、日本名著全集刊行会）
黄表紙「長生見度記」天明3年（『日本名著全集』所収、日本名著全集刊行会）
黄表紙「御慰忠臣蔵之巧」寛政10年（『江戸戯作文庫』所収、河出書房新社）
滑稽本「座敷芸忠臣蔵」文化8年（『江戸戯作文庫』所収、河出書房新社）
戯作本「名物拝見自由じざい」安永9年（大正13年、稀書複製会）
剪綵「元禄花見踊」三井鋹子作、三井記念美術館蔵

文庫版解説

江戸東京人如電のとらえた大江戸時世粧《じせいそう》（はやりのすがた）の沿革

大久保尚子

本書は、大槻如電（一八四五―一九三一）による「江戸の風俗衣服のうつりかはり」（初出、三井呉服店編『花ごろも　三井呉服店案内』明治三二年〔一八九九年〕、再掲、江戸時代文化研究会編『江戸文化』三巻八号から四巻二号、昭和四―五年〔一九二九―三〇年〕）に、吉田豊氏が参考文献引用を含む丁寧な脚注と参考図を加えた労作、『江戸服飾史談　大槻如電講義録』（二〇〇一年）を再録したものである。服飾、染織用語等の語釈のほか、本文で述べられた事柄に対応する江戸時代の文献資料を示す注釈を加えられた吉田氏のご尽力にまず感謝申し上げたい。

以下では原著に立ち戻り、著者如電の背景と執筆姿勢、そして江戸時代の江戸の風俗衣服の歴史を概説したこの稿の特質について述べる。なお後述するように原著表題にある「江戸」は都市としての江戸を指している。本書を読む基本前提として注意しておきたい。

また江戸時代後期には吉田氏参考文献にもみえる山東京伝の『近世奇跡考』、『骨董集』をはじめ、過去の風俗等の来歴を探究する考証随筆が盛んになり、生川春明『近世女風俗考』など女性の髪容や服飾に特化した著作もみられたが、如電の稿は、江戸における装いの風俗の展開を、幕府の政策、染織産業、芸能、その他社会状況との関係の中に位置付けたもので、考証随筆とは別次元の歴史叙述であることも確認しておく。

大槻如電の何者かを知らずに本文を読むと、まず「エヘン」という咳《しわぶ》きまで記された独特な語りおろし調の文体に面食らうのではないだろうか。本書を手に取る読者がさほどの違和感を持たずに読み進められるとすれば、それはひとえに吉田氏の脚注によって如電の叙述の正当さが確認できるおかげである。初出時のままの形で示されたら、果たしてこの「シャベリ」はどこまで信用してよいものか、戸惑っても不思議はない。そもそもこの稿は実際に行われた講演等の「速記録」なのだろうか。いかにも語り口調をそのままに再現したかのような「エエ」「ウウ」「エヘン」が折々差しはさまれるあたりが速記録としてはかえって胡散臭い。

著者について

大槻如電とはどのような人物か。小岩弘明「大槻如電著述目録」『一関市博物館研究報告』第一九号（二〇一六年）および一関市博物館編『ことばの海：国語学者大槻文彦の足跡』展図録（二〇一一年）のほか、大槻茂雄「大槻如電著書略目」『国漢』第三七号（一九三七年、茂雄は如電次男で文彦の養子)、如電述、文彦補、茂雄等記『磐渓先生事略』(一九〇八年)を主に参照し、補足しておきたい。

大槻如電(通称 修次郎、修次、分《くまり》〔改名明治四年〕、修二〔同五年〕、如電〔同二七年〕)は、弘化二年(一八四五年)江戸木挽町に生まれた。祖父は『蘭学階梯』ほかで知られる蘭学者大槻玄沢(一七五七―一八二七)である。大槻宗家は仙台藩西岩井の大肝入職を務めた家柄で、一関藩医から江戸定詰仙台藩医となった玄沢の代から江戸大槻家が始まる。玄沢の次男、如電の父である盤渓(一八〇一―一七八)は、蘭学を盛んにするには蘭語翻訳に秀でた文章家が必要、という桂川甫周の意見を受けた玄沢の深慮により漢学を修めたが、自身は蘭学志望で文政末年には長崎まで修業に赴いている。その後、仙台藩儒員に取り立てられて江戸で別家し漢学者として生きることになったが、対外危機が迫る中、磐渓は西洋砲術を修得し、海外情勢の把握をもとに開国論を展開した。父磐渓と母淑の七人の子のうち如電は次男であり、『言海』の編著者として知られる文彦(一八四七―一九二八)は三男である(長男は夭逝)。なお母の淑は郡山藩家臣の娘だが江戸屋敷の生まれであった。如電は少なくとも二親の代からの江戸人なのである。

玄沢の開いた蘭学塾芝蘭堂では「新元会(おらんだ正月)」と称して太陽暦一月一日に祝宴を開き蘭学者たちが集ったことが知られる。盤渓も詩人、文章家として名を馳せたこともあって交際範囲は蘭学者も含め広かったという。幕末期の江戸で、闊達な気風の学者の家に育った如電は、文久元年（一八六一年）、数え一七歳で漢学修業のため林大学頭門に入った。しかし翌文久二年、藩より仙台帰住を命じられた父に従い一家は江戸を離れることとなる。仙台では藩校養賢堂の要職に就いた父の下、如電も同校句読師となるが、この頃から「日本人だから日本の事を知らないてハダメだ、夫れには漢学よりも国学が必要だ」と気づき国学を志し、以来おもに国史に関わるようになったという。

慶応二年（一八六六年）、二二歳の如電が家督を継ぐが、明治元年九月、戊辰戦争で仙台藩が降伏すると、奥羽列藩同盟の文書作成に関わった父磐渓は罪人とされ、息子二人は逃亡を余儀なくされた。明治三年に漸く父は出獄を許され、京阪伊勢を流浪していた如電も東京に戻ることができた。明治四年、如電は海軍兵学寮皇漢学教官を命じられ、同五年には文部省編集局字書取調掛に転じ「新撰字書」編纂等に携わったが、在職わずか二年半ほどで辞職している。以降の生き方について大槻茂雄による「大槻如電著書略目」では次のように記されている。

明治七年二月官を辞し、同年十一月家禄奉還。翌八年十月家督を文部出仕の弟文彦に譲り、商に帰して平民となる。（略）野に在り明治十年九月居を東京浅草北富坂町に購ふ。（略）七十九歳関東大震火災まで住まへり。浅草区会議員、又浅草区学務委員となり、或は救療事業なる同愛社に入り（略）明治二十二年憲法発布後は公職を辞し、後全く文筆を以て世を渡れり。其性格等は之を蘇峯徳富先生の辞を借り以て補はん。

如電翁は日本に於ける唯一無二と申すべき雑学者の権威です。また大変に勉強したので、和漢洋の学に通じ、物を聞いて知らないといふことはなかつた。それで飽くまで独行不羈、世の中の人をすべて弟子と思つてゐた人で、三味線などもひいて風流のこともやり、誠に珍しい学者であつた。博士など別に眼中になかつた。云々。

如電は明治八年（一八七五年）、三一歳で文彦に家督を譲り、平民となって江戸の名残を残す浅草蔵前近くに居を構え、憲法発布後は国家体制に背を向けるかのように一切の公職からも離れて文筆家として生きた。広い学識を持ちながらも学術界の枠にはまろうとはしなかった。かくして如電は山口昌男『「敗者」の精神史』（岩波書店、一九九五年）に戊辰戦争での敗者の子弟にみる「やや反体制の側に赴く」例として登場することとなる。

明治期から昭和初期にかけて極めて多数の著述を遺した如電は、同時代においては新聞雑誌にもよく登場する著名文化人の一人であった。前述「大槻如電著述目録」で一覧できる著作は、地理（『改正日本地誌要略』等）、教育史（「教育志略」等）、洋学史（『新撰洋学年表』等）、交通史（『駅路通』等）、芸能、風俗ほか多方面にわたる。邦楽に関しては自ら演じて考証（『北州考』等）にも反映させた。歌舞伎界では文筆活動（『第十二世守田勘弥』等）のほか、舞台考証の役がなかった明治期には名優たちの相談相手としても知られていた（鏑木清方「芝居見物今昔」『蘆の芽』相模書房、一九三八年）。

原著の成り立ち

さて「江戸の風俗衣服のうつりかはり」（以下略称する際は原著とする）は「大槻如電著書略目」にも取り上げられた如電主要著作のひとつであり、茂雄による解題には次のようにある。

> 題の下に「大槻如電自語自筆」と署してあるが、「自語自筆」といふのは言文一致といふ意味に外ならない。如電の趣味の広さを想はせるもの。

やはり冒頭にある「自語自筆」は、自身の語り口調を自身で筆記した、という意味に受け取ってよいだろう。如電の稿は明治三一年（一八九八年）、言文一致の大きなうねりのただ中で記された。三遊亭円朝演述『怪談牡丹灯籠』速記本刊行（明治一七年〔一八八四年〕）以来、続々出版された落語、講談の速記本が談話体の普及につながっていく時流の中での試みであったが、言いよどみの発語や咳払いまで書き起こす例は、通常の話芸の速記本には見かけない。遊び心をこめた如電の趣向であろう。後世の読者が騙されそうになる口（講）演速記風の文体は体制的アカデミズムから意識的に距離を置く如電の自由な姿勢（幾分かの韜晦を含むかもしれない）を示すが、著述の内容は学者の家に連なる者としての真摯さに貫かれている。

原著のそもそもの成り立ちについて「第一談」に先立つ前書き部分を読むと、三井呉服店からの依頼は「衣服の三百年このかたの移り変りの有様を咄して聞かせろ」というもので、「おそろしい急ぎ」の注文であった。同じく『花ごろも』に掲載された下田歌子述「本邦女子服装沿革概略　附吉凶事礼服」も服飾史関係の記述を含むが、公家武家服飾を中心にごく簡略に女性服飾の変遷を述べ、明治期の礼服の解説を付した一六頁ほどのもので、質問に答えてもらった内容を記した旨が断り書きされている。如電への依頼も当初は同様に談話を取材し原稿化する申出であった可能性がある。しかし如電にすれば江戸時代の服飾史という主題は、さように気軽に済ませられるものでも、また済ませるべきものでもなかった。一一月二二日の起筆から一二月一九日（奥付にある印刷日一二月二九日の十日前である）の脱稿まで、友人たちの協力も得ながら、おおわらわで取組み、第一談から第七談までの談話（講談）調原稿を書き上げた。少なくとも三井側にすればまさか一二四頁分（全冊の三割ほどにあたる）もの原稿となることは想定外だったのではないか。『花ごろも』全冊中、言文一致体は如電の稿のみであり、何とも型破りな読み物が掲載されたわけである。

如電自身、この稿に相当に力を入れていた様子は、吉田氏解説に引用された『学海日録』記事からも汲み取れる。如電は明治三二年二月九日、依田学海のもとを訪れた際、この稿について「徳川時代衣服の沿革を講談の体にてものせり」と自ら語り、完成した『花ごろも』を翌日持参した。父とも交流のあった年長の漢学者、演劇評論家学海にも一読してほしい力作だったのであろう。学海はこれを読み、「考証頗つまびらかなり」と日記で賞賛している。また日本歌謡史の研究者、高野辰之も如電没後に故人を回顧した文章で「江戸の風俗衣服のうつりかはり」を取り上げ「風俗史家として、その見解が精到渾融の域に達してゐられた」「世にありふれた引用沢山な責任回避な文字と日を同じうして語るべきものでない」と評価している（高野辰之「大自信家如電翁」一九三二年一月稿『芸淵耽溺』東京堂、一九三六年）。

如電の服飾史観

「江戸の風俗衣服のうつりかはり」は砕けた語り口調で綴られているが、密度濃く、筋の通った概説江戸服飾文化史である。人々が装いに託すものは多面的で、政治的な意味を持つ身分表象という顔も装いは持ちうるが、個人の感性の表出、あるいは同時代を生きる人々の感性が集合して生み出される「作家無き作品」としてのあり方は、より根源的なものである。江戸時代に繰り返し出された節倹令はさまざまな事物に向けられたが、目にみえる秩序維持に直結しやすい衣服、装身は常に対象とされた。同時に次々に移り変わる時《じ》世粧《せいそう》（時のはやりの装い、今風にいえば流行のファッション）が、江戸時代には花開いていった。如電は節倹令を節目として、江戸時代の衣服風俗の変容を跡づけることを試み、人々のうちから湧き起こる時世粧の波と活気をとらえている。

節倹令と関連づけて江戸時代の服飾を述べる場合、幕府からの禁令が繰り返され、時代が下るに連れて人々の装いが萎縮していくといった解釈がなされているのをみることがある。如電が示す筋道はこれとは真逆である。さまざまな流行が起こり、人々が贅を尽くすようになると節倹令が出され、一時質素になるが間もなく緩み、それを機に新たな好みの追求が浮上し、やがて次の奢侈の波が起こるというのである。これは論理的に正しい。対象が現前するがゆえに奢侈の禁止は繰り返されてきた。また国内染織技術と染織業、特に桐生ほか関東機業地の発展は、時世粧を享受する楽しみをより広い層の人々に開いていったと考えられる。この点も如電はとらえている。天保の改革の少し後に生まれ、幕末期の江戸の空気を知る如電であり、その背後には執筆を支えた近い世代の「友達」連中が控えていることを思えば、原著に示された服飾史観にはなおさら説得力がある。

美を追い求めることと、華美は単純に重なり合うものでもなく、また奢侈という判断は実質後付けされる場合もあろう。江戸時代後期に求められた「底いたり」の姿勢にしても、節倹令によって生まれたわけではないことは、吉田氏脚注にもみえる『武野燭談』衣裳競べの挿話にも明らかだ。誰の目にもわかりやすく豪奢な京の浪速屋女房の衣裳に対し、江戸の石川六兵衛の女房は拍子抜けするほど淡泊な黒羽二重地に南天の立木を染めた小袖であったが、南天の実は総て珊瑚珠だった。この「底いたり」の先がけのような江戸町人の試みは延宝（一六七三―八一）末のことと伝えられている（村上直校注『武野燭談』人物往来社、一九六七年参照）。古典的な華麗さを求める上方風とは対照的な、おもては渋く抑え細部や内側に凝る美意識は、早くから江戸で萌していたのだった。

相互の影響関係はあるにせよ、衣裳競べの挿話に象徴されるように、江戸時代、上方と江戸では装いの好みは異なっており、これを混雑させて語ることはできない。原著冒頭部分で「この大都会、すなわち花の大江戸に行なわれ来つつありました、衣服の風俗を述べんには」と記す通り、如電はあくまでも都市としての江戸の服飾の来し方を通観することを意図している。平安朝以来の伝統を背景に持ち染織業の中心地であった上方に対し、新興都市江戸では、一八世紀半ば頃から服飾も含め独自文化が顕著になっていく。本文中、資料や具体事例等を示しながら述べているのは基本的に江戸の事柄である。吉田氏が指摘されるように原著前半には『近世女風俗考』を参照しながらも典拠を述べるに到らない箇所が目立つが、江戸の風俗と特定されない内容であることが一因と考えられる。後半になると資料引用や具体事例が充実してくる。さらに第六談、寛政期あたりからは、如電自身や協力者である友人たちの、年長者からの伝聞、自身の見聞に基づく叙述を含むものと見受けられる。第七談には子どもの頃、三升小紋の袢を着せられたこと、生意気盛りの一四、五の頃、流行りはじめたコハゼ付きの沓足袋を履こうとしてたしなめられたことなど、自身の装いの回想も登場する。幕末の江戸では歌舞伎趣味が町人武家の別なく浸透していたこと、そのような空気の中で、町の流行りに乗ってみたい洒落っ気もある少年として如電は育ったことがわかる。

維新から三一年を経て歴史化された江戸の風俗衣服のうつりかわりの末端には、如電自身や執筆を助けた友人たちの人生も連なっていた。如電が謝辞を記した竺仙、石背老人、幸堂得知、黒川真頼、福地桜痴、中井敬所、条野採菊、富田砂燕、坂野半什の面々は、幕政時代の身分はさまざまだが、いずれも、幕末の江戸の空気を吸った人々であり、その多くは劇界に関わりを持つ。このような人々の頭に浮かぶ江戸の姿がいきいきと叙述されている点に、如電稿の大きな価値と魅力がある。江戸東京人の綴った江戸の服飾沿革史は、服飾史研究者にも新たな気づきをもたらしてくれるのではないだろうか。

（おおくぼ・なおこ　服飾史　宮城学院女子大学教授）

や～わ行

は 行

ま 行

な　行

た　行

さ　行

か　行

索引

あ行

本書は二〇〇一年四月、芙蓉書房出版より『江戸服飾史談——大槻如電講義録』として刊行された。文庫化に際し一部ルビを割愛し、書名を変更した。

最後の親鸞　吉本隆明

宗教以外の形態では思想が不可能であった時代に、仏教の信を極限まで解体し、思考の涯まで歩んでいった親鸞の姿を描ききる。（中沢新一）

養老孟司の人間科学講義　養老孟司

ヒトとは何か。「脳‐神経系」と「細胞‐遺伝子系」。二つの情報系を視座に人間を捉えなおす。養老「ヒト学」の到達点を示す最終講義。（内田樹）

記号論　吉田夏彦

文字、数字、絵画、空の雲……人間にとって世界は記号の集積であり、他者との対話にも不可欠のツールだ。その諸相を解説し、論理学の基礎へと誘う。

モードの迷宮　鷲田清一

拘束したり、隠蔽したり……。衣服、そしてそれを身にまとう「わたし」とは何なのか。スリリングに語られる現象学的な身体論。（植島啓司）

新編 普通をだれも教えてくれない　鷲田清一

「普通」とは、人が生きる上で拠りどころとなるもの。それが今、見えなくなった……。身体から都市空間まで、「普通」をめぐる哲学的思考の試み。（苅部直）

くじけそうな時の臨床哲学クリニック　鷲田清一

やりたい仕事がみつからない、頑張っても報われない、味方がいない……。そんなあなたに寄り添いながら、一緒に考えてくれる哲学読み物。（小沼純一）

「聴く」ことの力　鷲田清一

「聴く」という受け身のいとなみを通して広がる哲学の可能性を問い直し、ホモ・パティエンスとしての人間を丹念に考察する代表作。（高橋源一郎）

初版 古寺巡礼　和辻哲郎

不朽の名著には知られざる初版があった！　若き日の熱い情熱、みずみずしい感動は、本書のイメージを一新する発見に満ちている。（衣笠正晃）

初稿 倫理学　和辻哲郎　苅部直編

個の内面ではなく、人と人との「間柄」に倫理の本質を求めた和辻の人間学。主著へと至るその思考の軌跡を活き活きと明かす幻の名論考、復活。

反オブジェクト　隈研吾

自己中心的で威圧的な建築を批判したかった――思想史的な検討を通し、新たな可能性を探る。いま最も世界の注目を集める建築家の思考と実践！

新・建築入門　隈研吾

「建築とは何か」という困難な問いに立ち向かい、建築様式の変遷と背景にある思想の流れをたどりつつ、思考を積み重ねる。書下ろし自著解説を付す。

錯乱のニューヨーク　レム・コールハース　鈴木圭介訳

過剰な建築的欲望が作り出したニューヨーク／マンハッタンを総合的・批判的にとらえる伝説の名著。本書を読まずして建築を語るなかれ！（磯崎新）

S, M, L, XL+　レム・コールハース　太田佳代子／渡辺佐智江訳

世界的建築家の代表作がついに！　伝説の書のコア・エッセイにその後の主要作を加えた日本版オリジナル編集。彼の思索のエッセンスが詰まった一冊。

東京都市計画物語　越澤明

関東大震災の復興事業から東京オリンピックに向けての都市改造まで、四〇年にわたる都市計画の展開と挫折をたどりつつ新たな問題を提起する。

グローバル・シティ　サスキア・サッセン　伊豫谷登士翁監訳　大井由紀／髙橋華生子訳

世界の経済活動は分散したのではない、特権的な大都市に集中したのだ。国民国家の枠組みを超えて発生する世界の新秩序と格差拡大を暴く衝撃の必読書。

東京の空間人類学　陣内秀信

東京、このふしぎな都市空間を深層から探り、明快に解読した定番本。基層の地形、江戸の記憶、近代の都市造形が、ここに甦る。図版多数。（川本三郎）

大名庭園　白幡洋三郎

小石川後楽園、浜離宮等の名園では、多種多様な社交が繰り広げられていた。競って造られた庭園の姿に迫りヨーロッパの宮殿とも比較。（尼﨑博正）

東京の地霊《ゲニウス・ロキ》　鈴木博之

日本橋室町、紀尾井町、上野の森……。その土地に堆積した数奇な歴史・固有の記憶を軸に、都内13カ所の土地を考察する「東京物語」。（藤森照信／石山修武）

ロシア・アヴァンギャルド　水野忠夫

旧体制に退場を命じるごとく登場し、社会主義革命と同調、スターリン体制のなかで終焉を迎えた芸術運動。現代史を体現したその全貌を描く。（河村彩）

日本の裸体芸術　宮下規久朗

日本人が描いた、日本人の身体とは？　さまざまなテーマを自在に横断しつつ、裸体への視線と表現の近代化をたどる画期的な美術史。（木下直之）

理想の書物　ウィリアム・モリス　W・S・ピーターソン編　川端康雄訳

近代デザインの祖・モリスは晩年に、私家版印刷所を設立し、徹底した理想の本作りを追究する。書物芸術を論じた情熱溢れるエッセイ講演集。

紋章学入門　森護

紋章の見分け方と歴史がわかれば、ヨーロッパの文化がわかる！　基礎から学べて謎解きのように面白い紋章学入門書。カラー含む図版約三百点を収録。

音楽機械論　吉本隆明　坂本龍一

思想界・音楽界の巨人たちによるスリリングな文化談義。時代の転換点を捉えた記念碑的対談。文庫版特別インタビューを収録。

リヒテルは語る　ユーリー・ボリソフ　宮澤淳一訳

20世紀最大の天才ピアニストの遺した芸術的創造力の横溢。音楽の心象風景、文学や美術、映画への連想がいきいきと語られる。「八月を想う貴人」を増補。

イタリア絵画史　ロベルト・ロンギ　和田忠彦／丹生谷貴志／柱本元彦訳

現代イタリアを代表する美術史家ロンギ。本書は絵画史の流れを大胆に論じ、若き日の文化人達に大きな影響を与えた伝説的講義録である。（岡田温司）

歌舞伎　渡辺保

伝統様式の中に、時代の美を投げ入れて生き続けてきた歌舞伎。その様式のキーワードを的確簡明に解説した、見巧者をめざす人のための入門書。

マニエリスム芸術論　若桑みどり

カトリック的世界像と封建体制の崩壊により、観念の転換を迫られた一六世紀。不穏な時代のイメージの創造と享受の意味をさぐる刺激的芸術論。

身ぶりと言葉
アンドレ・ルロワ゠グーラン
荒木亨訳
先史学・社会文化人類学の泰斗の代表作。人の生物学的進化、人類学的発展、大脳の発達、言語の文化的機能を壮大なスケールで描いた大著。（松岡正剛）

世界の根源
アンドレ・ルロワ゠グーラン
蔵持不三也訳
人間の進化に迫った人類学者ルロワ゠グーラン。半生を回顧しつつ、人類学・歴史学・博物館の方向性、言語・記号論・身体技法等を縦横無尽に論じる。

モンテーニュからモンテーニュへ
クロード・レヴィ゠ストロース
真島一郎監訳
昼間賢訳
「革命的な学としての民族誌学」と「モンテーニュへの回帰」。発見された二つの講演録から現れる思考の力線とは――。監訳者の長編論考も収録。

民俗地名語彙事典
松永美吉
日本地名研究所編
柳田国男の薫陶を受けた著者が、博捜と精査により日本の地名に関する基礎情報を集成。土地の記憶を次世代へつなぐための必携の事典。（小田富英）

日本の歴史をよみなおす（全）
網野善彦
中世日本に新しい光をあて、その真実と多彩な横顔を平明に語り、日本社会のイメージを根本から問い直す。超ロングセラーを続編と併せ文庫化。

米・百姓・天皇
網野善彦
石井進
日本とはどんな国なのか、なぜ米が日本史を解く鍵なのか、通史を書く意味は何なのか。これまでの日本史理解に根本的転回を迫る衝撃の書。（伊藤正敏）

列島の歴史を語る
網野善彦
藤沢・網野さんを囲む会編
日本は決して「一つ」ではなかった！　中世史に新次元を開いた著者が、日本の地理的・歴史的な多様性と豊かさを平明に語った講演録。（五味文彦）

列島文化再考
網野善彦／塚本学／坪井洋文／宮田登
近代国家の枠組みに縛られた歴史観をくつがえし、列島に生きた人々の真の姿を描き出す、歴史学・民俗学の幸福なコラボレーション。（新谷尚紀）

日本社会再考
網野善彦
歴史の虚像の数々を根底から覆してきた網野史学。漁業から交易まで多彩な活躍を繰り広げた海民に光をあて、知られざる日本像を鮮烈に甦らせた名著。

ちくま学芸文庫

江戸《えど》服飾史談《ふくしょくしだん》

二〇二四年五月十日　第一刷発行

著　者　大槻如電（おおつき・じょでん）
編　注　吉田豊（よしだ・ゆたか）
発行者　喜入冬子
発行所　株式会社　筑摩書房
東京都台東区蔵前二―五―三　〒一一一―八七五五
電話番号　〇三―五六八七―二六〇一（代表）
装幀者　安野光雅
印刷所　中央精版印刷株式会社
製本所　中央精版印刷株式会社

ISBN978-4-480-51242-0 C0121